SAVE MONEY & MAKE LIFE WITH MONIARY

NAME

_____

Goal 1

_____

Goal 2

_____

Goal 3

_____

from	1	2	3	4	5	6	7	8	9	10	11	12
to	1	2	3	4	5	6	7	8	9	10	11	12

머니어리

돈 관리와 돈 공부를 한번에 끝내는 신개념 가계부

머니어리

초판 1쇄 인쇄 2023년 8월 24일
초판 1쇄 발행 2023년 9월 20일

지은이 돈실먼지
펴낸이 김선식, 이주화

콘텐츠 개발팀 장지윤, 김찬양
디자인 정기훈

펴낸곳 ㈜클랩북스 **출판등록** 2022년 5월 12일 제2022-000129호
주소 서울시 마포구 어울마당로3길 5, 201호
전화 02-332-5246 **팩스** 0504-255-5246
이메일 clab22@clabbooks.com
인스타그램 instagram.com/clabbooks
페이스북 facebook.com/clabbooks

ISBN 979-11-98428-59-2 (03320)

㈜클랩북스는 독자 여러분의 책에 관한 아이디어와 원고 투고를 기다리고 있습니다.
책 출간을 원하시는 분은 이메일 clab22@clabbooks.com으로 간단한 개요와 취지, 연락처 등을 보내주세요.
'지혜가 되는 이야기의 시작, 클랩북스'와 함께 꿈을 이루세요.

MONIARY
머니어리

돈 관리와 돈 공부를 한번에 끝내는 신개념 가계부

돈실먼지 지음

클랩북스

여러분은 얼마나 오랫동안 가계부를 작성해오셨나요? 그리고 이 머니어리라는 가계부를 선택하신 이유는 무엇인지도 궁금하네요. 저는 2022년 4월에 처음 머니어리를 출시한 이후 총 다섯 번 양식을 업그레이드하였는데요, 업그레이드를 위해 가계부 작성에 어려움을 겪는 분들과 머니어리를 긍정적으로 평가해주신 분들, 가계부 작성 습관 모임 참여자들까지 총 400여 명을 대상으로 설문조사를 해본 적이 있습니다. 가계부 작성 방식도 작성 기간도 저마다 달랐지만 이들이 가계부를 쓰면서 원하는 것은 체계적인 돈 관리 기능과 돈이 들어오고 나가는 흐름을 한눈에 파악하는 것이었습니다.

제가 가계부를 만들고 사용하며 중요하다고 생각했던 요소들을 설문조사에서도 말씀해주시니, 이를 바탕으로 머니어리를 보완하면 더 많은 분들에게 도움을 드릴 수 있겠다는 자신감이 생겼습니다. 그렇게 시중 가계부에서는 볼 수 없는 요소인 '수입 흐름도'를 넣어 내 돈의 흐름을 한눈에 파악할 수 있게 하였고, 일반적인 가계부와 같이 1일부터 말일까지를 한 달로 지정하여 가계부를 적는 것이 아니라 각자의 돈 관리 패턴에 맞게 가계부 작성 시작일을 지정하여 작성할 수 있도록 자유도를 높였습니다. 특히 월급이 아닌 부수입, 앱테크 수입까지 몽땅 기록할 수 있도록 신경을 썼어요. 이외에도 특별한 요소들로 돈 관리에 어려움을 느끼셨던 분들에게 도움이 되고자 했습니다.

그동안 가계부를 제작하고 출시하며 당연히 제가 만든 가계부를 사용하고 따라 적기만 하면 모두가 내 돈의 흐름을 주도할 수 있을 것이라 생각했어요. 하지만 돈 관리에 필요한 양식만 있다고 돈 관리를 잘할 수 있게 되는 건 아니더라고요. 그래서 이번에는 돈 공부와 돈 관리를 한번에 할 수 있도록 재테크 에세이와 가계부가 결합된 새로운 머니어리를 만들었습니다. 재테크 에세이는 가계부를 쓰기 전에 읽어도 좋고, 가계부를 쓰는 중간중간에 읽어도 좋으니 부담 없이 읽어주세요.

Part 1 〈돈 공부도, 돈 관리도 처음이지만 괜찮아〉에서는 제가 어떤 계기로 가계부를 쓰게 되었고, 가계부를 쓰는 과정에서 어떻게 목표와 방향을 잡아나갔는지 저의 성장 과정을 담았습니다. Part 2 〈새는 돈은 막고, 들어오는 돈은 꽉 잡는 법〉에서는 소비를 통제하기 위한 저만의 노하우와 돈의 흐름을 주도하기 위해 해야 할 것들, 그리고 제가 실행한 더 벌기와 굴리는 투자에 대한 내용들을 담아보았습니다. Part 3 〈현명한 2030의 첫 돈 관리 프로젝트〉에는 15개월치의 가계부를 넉넉하게 수록해두었어요.

저는 엄청난 금융 전문가도 아니고, 매일같이 지하철로 출퇴근을 하는 평범한 직장인 중 한 명이지만, 그리 대단할 것 없는 저조차 꾸준히 머니어리를 쓰는 것만으로도 적은 나이에 목표했던 돈을 모을 수 있었어요. 저는 지금도 꾸준히 다음 목표를 세워가며 성장하고 있으니, 여러분도 충분히 목표를 이루실 수 있을 것이라 생각합니다. 부디 이 책이 여러분의 건강한 재테크 생활에 도움이 되었으면 좋겠습니다.

차례

PART
2

새는 돈은 막고,
들어오는 돈은 꽉 잡는 법

PART
3

현명한 2030의
첫 돈 관리 프로젝트

DO NOT FOLLOW MONEY, MAKE MONEY FOLLOW YOU

돈 공부도, 돈 관리도
처음이지만 괜찮아

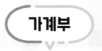

가계부

나는 왜 가계부를
쓰기 시작했나

일단 한 달 동안
열심히 정리는 했는데···

그래서
총 얼마 쓴거지···?

적금 한 스푼

고정지출 한 스푼

생활비 한··· 응···?

여러분은 한 달에 생활비를 얼마나 사용하시나요? 질문을 듣자마자 바로 구체적인 금액이 떠오르셨나요? 아마 바로 대답하기 어려운 질문이었을 거예요. 한참을 생각하다가 지난 달 카드값 정도를 머릿속에 떠올리셨을 수도 있구요. 하지만 사실 그 카드값 속에는 친구들과의 만남에서 내가 먼저 결제한 뒤 더치페이 정산받은 금액이 포함되어 있을 테고, 중고거래를 할 때 현금으로 거래한 내역은 포함되어 있지 않을 거예요. 그리고 카드를 여러 개 사용하고 있다면 제일 큰돈이 나가는 카드의 카드값 정도만 기억하겠지요. 그렇게 때문에 지출 내역을 꼼꼼히 기록하지 않으면 우리는 정확한 한 달 생활비를 인지하지 못한 채로 계속 소비하게 됩니다. 저는 모든 재테크의 기본은 한달 생활비를 제대로 아는 것이라고 생각해요. 지금부터 한 달 생활비를 제대로 인지하는 것이 왜 중요한지 함께 살펴봅시다.

과거의 저는 어디에 얼마나 지출을 하고 있는지, 매달 나가는 나의 생활비는 어느 정도인지 제대로 관리하지 못하고 있었습니다. 부지런히 재테크를 하며 자신의 자산을 불려 나가고 있는 또래 친구들과 달리 제 통장 잔고는 제자리 걸음이었죠. 지금부터 돈 관리를 시작하지 않으면 영영 돈을 모으기 어려울 것 같다는 생각이 막연히 들었어요. 남들에 비해 뒤처지고 있다는 느낌이 강하게 들었고, 저도 무언가 해야 할 것 같은 압박감이 들었죠. 그렇지만 재테크라 하면 무언가 거창한 개념처럼 다가와 거리감이 느껴졌고 무엇부터 시작해야 할지 막막했습니다. 그래서 상대적으로 제일 만만한, 그동안 익숙하게 들어왔던 적금 상품에 눈을 돌렸어요. 월 납입액 10만 원부터 시작해서 100만 원까지 참 다양한 금액대의 적금상품을 쇼핑하듯 가입했습니다.

그렇게 몇 달이 지났습니다. 적금 상품에 일정 금액을 납입하며 저축을 하는 것까지는 좋았지만, 적금 계좌 잔고가 점점 차오를수록 생활비 계좌에는 돈이 부족해 난감해지는 상황이 많아졌습니다. 사용하고 있는 카드는 왜 그리 많은지, 아무 생각 없이 가입해둔 여러 구독서비스의 정기결제를 하다가 잔액이 부족해 거래 실패된 적도 정말 많았습니다.

'이번 달 카드값은 얼마 나오지도 않았는데 왜 남은 돈이 없지…?'

그러던 중, 홀쭉해진 제 생활비 계좌 잔고처럼 세계 경제에도 침체기가 찾아왔습니다. 경기부양을 위한 저금리 정책으로 화폐가 시장에 많이 풀렸고, 은행 금리에 비해 상대적으로 큰 수익을 바라볼 수 있는 주식과 같은 공격적인 투자를 하는 사람들이 많아졌어요. 저도 예외는 아니었습니다. 돌이켜 생각해보면 충분히 공부하고 신중하게 주식 투자를 시작했어야 했습니다. 하지만 주변 지인들이 주식 투자를 통해 저의 예적금 이자보다 몇 십 배, 몇 백 배나 되는 큰돈을 단기간에 버는 모습을 보니 마음이 조급해졌고 결국 섣부르게 주식 투자에 뛰어들게 됐죠.

나의 소비 수준과 여윳돈을 파악하지 못한 채 무작정 투자를 시작하다보니 어느 정도의 금액을 주식에 투자해야 생활에 무리가 없을지 가늠이 잘 안 되었고, 월급날이면 통장에 있는 돈을 있는 대로 끌어모아 주식 투자를 했습니다. 그렇게 통장 잔고는 날이 갈수록 더 홀쭉해져갔고, 밀려가는 카드값을 감당하기 위해 급기야 무리하게 쇼핑하듯 가입했던 적금 상품들을 중도 해지해야 했어요.

이 모든 것은 제가 감당할 수 있는 수준의 소비액보다 과하게 소비했기에 나타난 현상이었습니다. 저의 한 달 생활비를 제대로 인지하지 못한 상태, 즉 '나의 수입 대비 가용 예산'에 대해 모르고 있던 상태에서 무리하게 저축과 투자를 하면서 '나는 열심히 저축도 하고 투자도 하고 있어!'라는 속이 텅 빈 자기 만족을 하고 있었습니다. 그것이 문제라는 것을 깨닫기까지는 오랜 시간이 걸렸습니다.

무리한 저축과 투자가 답이 아니라는 것을 깨달은 후에도 시행착오는 계속되었습니다. 나의 수입에 맞춘 저축액과 투자 금액을 파악하고자 나의 한 달 평균 생활비가 얼마인지 확인해야 했습니다. 이를 위해 처음엔 스마트폰에 가계부 어플을 다운로드받아 사용해봤습니다. 내가 번거롭게 매번 작성할 필요 없이 자동으로 계좌간 입출금 내역부터 카드 사용 내역까지 '알아서 잘 정리'해주니 너무 편했습니다. 너무 편해서 그랬을까, 어느 순간부터 안일해지기 시작했어요. '나는 그래도 가계부를 꾸준히 쓰고 있다'라는 뿌듯함을 느끼면서도, '알아서 잘 정리되고 있겠지…'라는 생각 때문에 정작 어플에 들어가 잘 정리되어 있는 가계부 내역을 꼼꼼히 확인한 적은 거의 없었습니다.

간혹 이번 달엔 얼마나 사용했을까 들여다보려 가계부 어플을 켤때면 월급을 옮기려 계좌 간 이체했던 내역이 수입이나 지출로 적혀있었고, 동일한 결제 건이 중복으로 적혀 있기도 했으며, 자동 연동이 지원되지 않는 카드나 계좌가 있어 이 결제수단으로의 수입과 지출은 적혀 있지 않았습니다. 각종 페이 서비스에 충전된 금액들은 또 얼마나 많았던지 분명 잘 정리되고 있을 것이라 생각했는데, 정리되지 않은 가계부를 보고 있자니 머릿속이 복잡해졌습니다.

'지금 당장 돈 모아서 하고 싶은 것도 없는데 내가 한 달에 얼마를 어디에 쓰는지 굳이 알고 있어야 할까?'

저는 그렇게 가계부 쓰기를 포기했습니다. 하지만 예기치 못한 순간에 억지로라도 재테크에 눈을 떠야 하는 경우가 생기더라고요. 저의 경우엔 이직과 함께 미래에 대한 고민을 하던 그 시점이 그러했습니다. 이직을 하기 직전, 적금 계좌를 중도 해지하면서까지 무리해서 다소 과한 수준의 자취방을 구했습니다. 그때까지만 해도 '내가 모은 돈이 많으니까 이렇게 좋은 집을 구할 수 있구나'라는 안일한 생각을 했습니다. 이후에 이직을 했고 지금의 남자친구와 미래 계획을 이야기하며 어떤 집에서 살고 싶은지, 어떤 삶을 살고 싶은지에 대해 진지하게 생각을 나눠봤어요.

난생 처음 현실을 직면하니 내가 생각한 평범한 삶, 평범한 환경을 꿈꾸려면 막연히 생각했던 것보다 훨씬 더 큰돈이 필요했습니다. 하지만 당시 가지고 있던 대부분의 현금을 자취방을 구하는 데 써버렸기에 저의 통장 잔고는 0원이었습니다.

어떻게 돈을 모아야 할까, 고민은 길지 않았습니다. 다시 가계부를 꺼내들었습니다. 이번엔 과거와 같은 실수를 반복하지 않기 위해 '나의 수입 대비 가용 예산'을 효과적으로 관리하는 것에 초점을 두어 가계부를 작성했어요. 흔히들 '가계부 쓰기'라 하면 매일매일의 수입과 지출을 정리하는 정도로만 생각하기 쉽습니다. 하지만 저는 단순히 기록하는 용도가 아니라 가계부를 쓰기만 해도 돈이 관리되는 듯한 느낌의 '흐름'을 가계부에 불어넣고 싶었습니다.

그리고 그 흐름의 주도권을 잡기 위해 매달 초에 이번 달 예산을 계획하고PLAN, 계획한 예산에 맞게 매일매일의 수입과 지출부터 저축과 투자까지 기록했습니다ACTION. 뿐만 아니라 매달 말에는 수입 대비 지출, 저축, 투자액을 회고하는REPORT 체계적인 돈 관리에 집중했습니다.

이렇게 하니 가계부 쓰기의 진정한 효과가 발휘되었습니다. 단순히 지출 정리에서 끝나는 것이 아니라 계획부터 결산까지의 흐름을 만들수 있었어요. 몇 달 정리하다보니, 나의 수입이 어디로 흘러가는지 눈에 보이기 시작했고 '나의 수입 대비 가용 예산'도 확실히 파악할 수 있었습니다. 더 나아가 어느 부분에서의 지출을 막을 수 있는지, 어느 부분을 조율해 더 효과적으로 돈을 관리할 수 있을지 파악할 수 있게 되었죠. 그렇게 저는 가계부를 작성한 지 9개월 만에, 목표했던 1년이라는 시간보다 더 빠른 기간 내에 2600만 원을 모을 수 있었고 마침내 총 자산 1억을 달성했습니다.

자신의 수입 대비 가용 예산에 대해서 알고 있고, 돈의 흐름을 주도한다는 것은 생각보다 꽤나 강력한 무기가 됩니다. 언젠가 주식투자를 하고 싶어지면 저축 예산 중 일정 금액을 투자용으로 바꿀 수 있고, 수입이 줄어든다면 현재 고정적으로 나가고 있는 지출 중 일부를 조율하는 등 대책을 세우는 일도 가능해지기 때문입니다. 당장 수입이 없는 학생이라도, 돈을 모아서 크게 쓸 곳이 없는 사람이라도 언제 재테크에 눈을 떠야 하는 상황이 생길지 모릅니다. 한 번 돈의 흐름을 파악하고 나면 자연스레 절약이 따라오고 돈이 모일 거예요. 우리가 가계부를 쓰는 이유는 극단적인 절약을 하기 위해서가 아니라, 내 돈의 흐름을 한눈에 정리하고 주도권을 잡기 위해서임을 잊지 마세요.

- -

Q. 예금과 적금이 차이가 궁금해요!

A. 예금은 은행이나 금융기관에 일정한 금액을 일정 기간 동안 예치해두는 상품이에요. 최초에 한번 납입 후 짧게는 1개월, 길게는 몇년간 보관해두어야 하기 때문에 목돈을 굴리는 데 적합해요. 예금에는 여러 종류가 있는데, 대표적으로 보통예금과 정기 예금이 있어요. 보통 예금은 언제든지 인출할 수 있으며, 정기 예금은 일정 기간 동안 돈을 사용할 수 없지만 보통 예금보다는 더 높은 이자율을 제공해요.

적금은 주기적으로 일정한 금액을 정하여 일정 기간 동안 납입하는 상품이에요. 매주 혹은 매달 정해진 날짜에 맞추어 납입하기 때문에 예금에 비해 부담이 상대적으로 적고, 조금씩 돈을 모아 목돈을 만드는 데 적합해요. 특정한 목표를 위해 차근차근 자금을 마련하고 싶다면 적금만큼 좋은 상품이 없죠. 적금의 이자율은 상품에 따라 다르지만 일반적으로 예금보다는 더 높은 이자율을 제공해요.

작다고
소중하지 않은 건 아냐

평범하게 살기 위해 순간순간 최선을 다했다

이제 내 앞엔
탄탄대로만
펼쳐질 줄
알았는데
…

다음 월급날만 기다리는
미생이 될 줄이야

우리는 아직 사회초년생이기에 월급이 적은데요. 야속하게도 월급이 오르는 속도에 비해 물가나 집값 등 사회의 자산이 오르는 속도는 무섭도록 빠른 것 같습니다. 이로 인해 회사 생활 외에 부가적으로 퇴근 후 부업, 사이드잡을 하는 사람들이 많이 늘어나고 있죠.

SNS를 보다보면 '월 1000만원', '연봉 1억'과 같이 사회초년생의 월급만으로는 지금 당장 꿈꾸기 어려운 수입들에 대한 이야기를 하는 사람들이 많이 보입니다. 이러한 이야기를 듣고 있자면 마치 우리의 월급은 상대적으로 가치가 떨어지는 소득이라는 생각이 들고 월급에 의존하는 우리가 뒤처지고 있는 것 같은 기분이 들기도 합니다. 사이드잡(본업을 유지하면서 퇴근 후 시간을 활용해 추가 수입을 만드는 일)이 더 빠르게 돈을 모을 수 있는 지름길인 것처럼 느껴지기도 하고요.

사실 이는 반은 맞고 반은 틀린 말인데요, 월급에만 의존해서는 사이드잡을 통해 우리의 월급보다 더 큰 금액을 버는 사람들에 비해 상대적으로 느린 속도로 돈을 모을 수밖에 없는 것이 사실입니다. 하지만 생각해볼까요? 과연 우리가 '월급' 하나만 보고 직장 생활을 시작했는지를요.

과거를 떠올려보면 취업 준비를 하며 우리는 '월급이 적어도 괜찮으니 제발 이 회사에 합격했으면 좋겠다…'라는 간절한 생각을 한번쯤 해봤을 거예요. 회사가 주는 소속감을 원했을 수도 있고, 꿈을 이뤘다는 성취감을 원했을 수도 있습니다. 하지만 분명한 건 우리가 월급 외에 또 다른 가치를 꿈꿨다는 것, 그리고 이 가치를 목표로 삼아 적어도 몇 달, 몇 년간은 노력해왔다는 것입니다. 그 노력의 가치를 '돈'으로만 평가하고 스스로 낮게 평가하지는 말았으면 좋겠습니다. 우리가 그동안 해온 노력은 우리 스스로가 제일 잘 아니까요!

하지만 이 책은 재테크 도서이니 '월급' 그 자체의 가치에 대해서 조금 더 이야기해보겠습니다. 저 역시 때로는 사이드잡으로 월급 이상의 소득을 얻기도 하지만 그 어떤 소득보다도 제일 가치 있게 여기는 소득은 바로 월급입니다. 왜일까요? 돈은 우리가 먹고 자고 입는 데 필요한 요소인 동시에 우리의 자산을 모으고 굴리는 데 필수적인 씨앗의 역할도 합니다. 씨앗이 있어야 꽃을 피우고 열매를 맺듯, 소득이 있어야 저축도 하고 투자도 할 수 있습니다.

이제 막 사회생활을 시작한 사회초년생들이 월급이 아닌 다른 방법으로 주기적으로 정직하게 들어오는 소득을 만드는 것은 불가능하지는 않지만 굉장히 어렵습니다. 월급을 '고정 소득'이라는 개념으로 바꿔 접근하기만 해도 훨씬 그 가치가 와닿을 거예요.

건물을 지을 때를 생각해볼까요? 건물을 지을 때에는 탄탄한 뼈대 작업이 필수입니다. 뼈대가 든든하게 지탱해줘야 사람들이 안심하고 생활하고 편히 쉴 수 있는 공간이 만들어집니다. 그런데 만약 뼈대가 탄탄하지 않다면 어떨까요? 비가 조금이라도 많이 오면, 바람이 조금이라도 강하게 불면 기둥이 흔들리지는 않을지, 지붕이 무너지지는 않을지 걱정과 불안을 안고 살아갈 수밖에 없습니다.

우리의 인생을 건물에 비유할 때, 월급의 역할은 탄탄한 뼈대와 같다고 생각합니다. 삶을 지탱해주는 든든한 뼈대 역할을 하는 월급, 곧 고정 소득이 있을 때 퇴근 후 회사 밖에서의 다채로운 삶도 꿈꿀 수 있습니다. 그 어떤 사이드잡을 시작할 때에도 마음의 여유를 가질 수 있고, 설령 사이드잡이 잘 풀리지 않더라도 우리의 삶을 뒤흔들 만한 큰 위기가 닥쳐오지는 않을 거예요.

그렇다면 이렇게 소중한 월급을 어떻게 관리하는 것이 좋을까요? 우리는 월급이 통장을 스쳐 지나간다는 표현을 자주 사용합니다. 카드값, 적금, 공과금, 구독서비스 요금으로 소비가 많았던 달에는 순식간에 잔고가 0이 되기 마련입니다. 분명 열심히 일을 해서 돈을 벌었는데, 남은 게 없으니 허탈하죠. 이것이 반복되면 우리는 무의식적으로 '내 월급은 너무 적으니까 관리할 것도 없어…'라는 잘못된 생각을 하며 월급 관리를 포기합니다. 주체적으로 돈 관리를 하지 못하게 되는 거죠.

주체적인 돈 관리는 수입과 지출을 기록하고 통장 잔고가 마이너스가 되지 않게 관리하는 것이 아닙니다. 단순히 수입과 지출을 기록하는 것만으로는 이번 달에 총 얼마를 모았는지, 나의 수입이 어디로 흘러갔는지 알기 어려워요. 아래의 그림은 돈의 흐름을 간단하게 표현한 그림입니다.

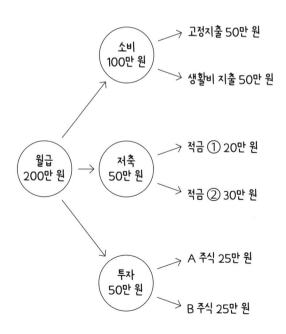

그림으로 표현하니 돈의 흐름이 잘 보이죠? 소중한 월급을 현명하게 관리하고 싶다면 23쪽의 그림처럼 우리의 월급을 소비, 저축, 투자 항목으로 나누고 각 항목별 세부 내용에 따라 어느 정도의 금액이 투입되었는지 파악하는 것부터 시작해봐요.

Q. 이제 막 사회생활을 시작하는 사회초년생인데, 월급을 어떻게 관리하면 좋을까요?

A. 사회생활 초반에는 수입이 많지 않기에 저축액을 늘리는 것도 중요하지만 스스로 한 달에 어느 정도 금액을 소비하는지, 그래서 한 달에 월급 대비 얼마나 모을 수 있는지를 파악하는 것이 훨씬 더 중요하다고 생각해요. 저 역시 이것을 모르는 상태에서 무작정 무리하게 적금에 가입했다가 돈의 흐름이 엉망이 되는 악순환을 겪었던 경험이 있거든요. '처음부터 돈의 주도권을 잡고 있었더라면 더 좋았을 텐데'라는 아쉬움이 남기에 여러분께는 자신의 재정 상태, 소비 행태를 아는 것을 우선적으로 추천드립니다.

피할 수 없다면
똑똑하게

매번 돈을 모아야겠다고
말만 하고 못 모으고 있네···

돈 쓰는 게
왜 이렇게 신나는지 몰라!

극단적인 절약이 아니라, 조금씩 아끼며
내가 정말로 행복할 수 있는 소비에 집중해보자

여러분은 마음먹은 대로 다이어트를 잘 하는 편인가요? 저는 그동안 다른 사람들이 운동과 식단 조절로 자신을 가꾸는 모습을 보기만 하며 '아, 나도 살 빼긴 해야 하는데…'라고 말만 했지, 단 한번도 실행에 옮기진 못했어요. 그런데 지금은 나름 꾸준히 운동도 하고 식단도 챙기며 다이어트를 하고 있습니다. 이전까지는 입으로만 다이어트를 했던 제가 어떻게 지금은 실행에 옮기고 있나 생각을 해보니, 과거와 달리 지금의 저에겐 '확실한 목표'가 있더라구요(여담이지만 더운 나라로의 여행 일정이 생겨, 예쁜 옷을 입고 싶다는 생각에 다이어트를 시작했습니다).

저는 절약, 즉 소비 통제가 다이어트와 같다고 생각합니다. 남들이 돈을 모으고 자산을 불리는 것을 보며 '아 나도 돈을 모으긴 해야 하는데…'라고 말은 하지만, 막상 실행에 옮기기는 쉽지 않아요. 그 이유는 여러가지 있겠지만 가장 큰 이유는 막연한 목표로 인한 동기 부족이지 않을까 싶습니다. '이번 달부터 진짜 돈 아껴 써야지!'라는 생각만 하고, 얼마나 아껴 쓸지 그리고 아낀 돈으로 무엇을 하고 싶은지 구체적인 목표가 없다면 소비 통제에 있어 큰 흥미를 느끼지 못할 수 있어요. 따라서, 지금 당장 돈을 모으고는 싶은데 실행에 옮기지 못하고 있다면 그건 여러분이 잘못하고 있다기보다는 아직은 '확실한 목표'에 따른 동기가 없기 때문일 수 있습니다. 이 때문에 과도한 스트레스는 받지 않았으면 좋겠어요. 대신 언제든지 확실한 목표가 생겨 소비 통제가 필요한 순간에는 바로 실행에 옮기겠다고 우리 약속해요!

그럼 돈을 모으는 데 있어 확실한 목표와 동기가 생기기 전까지는 가만히 있어야 할까요? 소득이 없는 학생이나 취업준비생, 혹은 독립과 같은 구체적인 목표가 아직 없는 사람이라도 자신이 평소 한 달에 얼마나 소비하고 있는지를 인지하고 있어야 합니다.

지난달보다 적금을 하나 더 들었을 뿐인데도, 전자기기 하나 새로 장만했을 뿐인데도 통장 잔고가 부족해 곤란했던 경험이 다들 한 번씩은 있지 않나요? 주식투자를 하고 싶은데 내가 현재 어느 정도 금액을 사용할 수 있고, 그래서 어느 정도의 현금을 주식투자금으로 사용해야 나의 생활에 무리가 없을지 가늠이 안 된 적이 있지는 않나요? 이는 앞서 말한 것처럼 수입 대비 가용 예산에 대해 인지하지 못하고 있기 때문입니다. 지금 당장은 소득이 없더라도 나중에 소득이 생길 텐데, 지금 비교적 작은 규모로 돈 관리를 하며 그때를 미리 준비해둔다면 필요한 순간에 더 큰 규모의 자산 관리도 잘할 수 있겠죠. 언제든지 어느 상황에서든지 소비가 필요한 순간에 내 구매력을 알고 적절한 수준의 소비를 할 수 있기도 하고요.

이제 돈을 모으는 확실한 목표와 동기가 준비되었다면 소비 통제를 시작할 차례입니다. 하지만 급작스레 극단적인 절약을 하려고 하면 거부감이 생기고 금세 포기하고 싶어질 수 있어요. 수많은 선택지 앞에 먹고 싶은 것도, 하고 싶은 것도 많은 우리에게 도움이 될 마법의 문장을 하나 소개합니다.

"이 소비는 나에게 몇 배의 행복을 줄까?"

여러분이 하루 중 가장 큰 행복을 느끼는 순간은 언제인가요? 각자 긴장을 풀고 행복을 느끼기 위해 여가를 즐기는 방법은 다양할 것 같은데요, 저의 경우 집에서 맛있는 음식을 만들어 먹고, 편한 옷을 입은 채 좋아하는 TV 프로그램을 보는 그 순간이 가장 행복한 순간입니다. 이 행복을 느끼는 데 필요한 돈은 얼마일까요? 적게는 5천 원 이내에도 충분히 가능할 거예요.

한편으로는 맛있는 오마카세(메뉴판이 따로 없이 그날의 음식을 주방장이 알아서 만들어 내놓는 일본식 코스 요리) 식당에 가거나 호캉스(호텔에서 바캉스를 즐기는 것을 뜻하는 신조어)를 할 때 가장 행복하다고 느끼는 분들도 있을 텐데요. 저의 경우 비싼 음식을 먹고 좋은 호텔에서 지내는 데 쓰는 5만 원보다, 집에서 맛있는 음식을 만들어 먹고 편한 옷을 입고 쉬는 데 쓰는 5천 원이 더 크고 확실한 행복을 주거든요. 비싼 음식을 먹고 좋은 호텔에서 지내는 것이 행복하지 않다는 것이 아니라 내가 무엇을 할 때 진정 행복한지 잘 알게 되면 소비를 할 때 조금 더 객관적인 판단이 가능해진다고 이야기하고 싶어요. 당장 눈앞에 비싸고 맛있는 식당이 보이더라도 상대적 행복도를 비교해보는 순간, 집에서 편하게 쉬며 식사하는 것보다 더 큰 행복을 주지는 않을 것이라는 생각이 들고, 그곳에서 소비를 하지 않을 거예요. 이것이 제가 생각하는 똑똑한 소비입니다.

누군가는 이렇게 이야기합니다. '그거 한 푼 두 푼 모아서 얼마나 된다고, 그걸 신경 쓸 시간에 차라리 돈을 더 벌 궁리를 하는게 나아.' SNS 계정을 운영하면서도 비슷한 이야기를 많이 듣게 됩니다. '소비 통제가 어려워서 수입이라도 늘리고 싶은데 어떻게 해야 할지 모르겠어요.' 그런데 저는 여기에서 이상한 점을 발견했습니다. 사람들은 왜 절약보다 수입을 늘리는 것에 초점을 둘까요? 왜 절약은 어렵게 생각하고 돈 버는 것은 상대적으로 쉽게 생각할까요?

소비 통제가 어렵게 느껴지니, 차선책으로 수입을 늘리는 방향을 고민하고 있는 것 같습니다. 물론 잠시 주말 알바를 하며 몇 만 원씩 버는 것처럼 단기간에 적은 금액을 버는 것은 상대적으로 쉬울 수 있습니다. 하지만 중요하게 생각해야 할 것은 이러한 수입은 결국 일시적이라는 것입니다. 지금 재테크를 시작한 여러분들은 하루이틀 돈 모으고 끝내기 위해 재테크를 하는 것이 아니까요. 장기적인 관점에서 보았을 때 일시적으로 수입을 늘리는 것보다 더 중요한 것은 바로 일정 수준의 소비를 꾸준히 장기적으로 유지하는 것입니다.

사회초년생인 지금 당장은 월급이 적더라도 연차가 쌓이고 경력이 쌓이면 조금씩 수입이 늘어날 것입니다. 하지만 수입이 늘어나는 만큼 소비 역시 늘어난다면 우리의 잔고는 제자리걸음일 거예요. 그렇기 때문에 시간이 지날수록 소비를 통제하는 것의 진가는 더더욱 빛을 발할 것입니다.

저는 소비를 무조건적으로 억제하는 것이 바람직하다고 생각하지 않아요. 빠르게 돈을 모으기 위해서 극단적인 절약이 효과적일 수 있지만, 오랫동안 건강하게 돈을 모으기 위해서는 올바른 소비 습관을 가지는 것이 중요하다고 말씀드리고 싶어요. 안 먹고 안 쓰는 무조건적인 절약이 아니라, 쓸 땐 쓰더라도 조금씩 아껴서 생활하는 올바른 소비 습관을 들이고 스스로 예산 내에서 소비를 통제할 수 있는 힘을 기르면 먼 훗날 수입이 많아졌을 때 엄청난 효과가 발휘될 거예요.

Q. 매달 정기적으로 빠져나가는 지출 외에, 몇 달치의 소비가 한 번에 나가는 지

출은 어떻게 관리하면 좋을까요?

A. 갑자기 큰 병원비 지출이 생겼거나, 영양제나 생활용품을 한 번에 구매하여 한 달 생활비 예산을 초과하여 지출해야 하는 경우가 있죠. 이런 경우에 저는 한 달 생활비 예산 내에서 최대한 소비하기 위해 다른 생활비를 줄이는 편입니다. 하지만, 너무 큰 지출이라 다른 지출을 줄이더라도 생활비 예산을 초과할 수밖에 없다면 이렇게 규칙을 정하여 정리해보는 것은 어떨까요?

1. 한꺼번에 구매한 물품의 사용 기간이 정해진 경우

   예) 3개월치 영양제 구매(45,000원) → 영양제 1개월 15,000원

   • 총 금액을 사용 기간으로 나누어 1개월에 해당하는 금액을 계산하고, 매달 고정지출 항목으로 분류합니다.

2. 한꺼번에 구매한 물품의 사용 기간이 불확실한 경우

   예) 보통 2~5개월 정도 사용하는 샴푸 구매(25,000원)

   • 해당 달의 지출 내역으로 정리합니다.

일관적인 규칙을 정리해두는 것만으로도 가계부 작성이 훨씬 쉬워질 것이라 생각해요.

중요한 건
속도가 아니라 방향

나는 돈을 모아
무엇을 하고 싶은 걸까?

내가 중요하다고 생각하는
가치를 지키기 위해서는
돈이 필요하다

중요한 건 속도가 아닌
방향이니까!

스스로를 믿고
나아가보자

우리는 막연히 '돈 관리 열심히 해서 많은 돈을 모으고 싶다'라고 생각합니다. 그런데 여러분은 왜 돈을 모으고 싶으신가요? 그 이유에 대해서 구체적으로 생각해보신 적이 있으신가요? 저는 그동안 사회생활을 하며 작게는 중고거래 사기부터 실내체육시설 폐업 관련 사기, 크게는 남자친구가 전세 사기를 당할 뻔하는 등 예기치 못한 사건들을 더러 겪었습니다. 그리고 그 과정 중에서 손해를 보상받으려면 부당한 일을 당한 사람이 시간과 돈을 들여 억울함을 호소해야 한다는 것을 깨달았습니다. 상대적으로 적은 금액인 몇 십만 원의 사기 피해를 보상받는 과정에서조차 수 개월이 걸리는 고생을 했습니다. 익숙치 않고 어려운 용어가 가득한 민사 소송 과정을 거치고 재판에 참여하는 우여곡절을 겪으며 결국 돌려받은 돈도 있지만 돌려받지 못한 돈도 있습니다. 그런데 만약 우리가 살아가는 데 꼭 필요하며 적어도 몇억 수준의 큰돈이 들어가는 거주 환경을 마련하는 과정에서 부당한 일을 당한다면? 생각만 해도 아찔했어요.

수도권에 위치한 역세권 대단지 아파트, 신축이고 커뮤니티 시설까지 완벽한 집을 사고 싶어서라기보다 전셋집이나 월셋집을 옮겨다니는 과정에서 부당한 일을 겪을까 노심초사하는 것이 싫었기에, 온전한 내 집을 마련하는 데 필요한 최소한의 종잣돈을 만드는 것을 목적으로 돈을 모으기 시작했습니다.

저의 1차적인 목표는 1억을 모으는 것이었어요. 내 집 마련을 위해 부동산 공부를 하던 중 '청약'에 대해서 알게 되었고, 여러 청약 공고문을 둘러보니 보통 청약에 당첨된 후 빠르면 1주일, 늦어도 1~2달 이내에 매매가의 10% 금액에 해당하는 계약금을 내야 하더라고요. 뿐만 아니라 계약금을 낸 후에도 3~4개월에 한 번씩 중도금을 내야 했고 입주할 때엔 잔금까지 치러야 했습니다.

청약 특성상 입주까지는 조금 시간이 여유롭더라도, 청약에 당첨된다면 당장 수 개월 내에 계약금과 중도금 일부라도 낼 수 있는 환경을 마련해야 했습니다. 그래서 제게 있어서 1억은, 사회초년생이 비교적 적은 종잣돈으로 내 집을 마련할 수 있는 방법인 청약에 도전하기 위한 가장 최소한의 금액이었습니다.

제가 꿈꾸는 조건의 집을 매매하기에는 부족한 금액이었지만, 비교적 적은 돈을 투자하여 내 집을 마련할 수 있는 방법이라고 생각했기에 저는 먼저 1억을 모으기로 했습니다.

1억을 모아야겠다고 결심한 이후, 현재 가지고 있는 자산들을 되돌아보고 현실적인 목표를 책정해보았습니다. 당시 제가 가진 자산은 퇴직금까지 끌어모아 7400만 원 정도였는데요, 목표까지 남은 금액은 2600만 원이었고, 한 달에 모을 수 있는 돈에서 조금 더 욕심 내면 매달 약 200만 원씩 저축이 가능할 듯하여 14개월간 2600만 원을 모으는 것을 목표로 저축을 시작했습니다. 이처럼 목적과 목표가 분명했고, 가계부를 작성하며 소비와 저축 습관을 탄탄하게 쌓아왔기에 목표했던 기간보다 훨씬 빠른 10개월 만에 2600만 원을 모았고, 빠르게 목표했던 금액인 1억 모으기에 성공했어요.

예상보다 빠르게 1억 모으기에 성공한 후, 다음에는 어떤 목표를 세울까 고민했습니다. 제가 모은 1억에는 현재 거주하고 있는 자취방의 전세 보증금으로 묶여 있는 6400만 원이 포함되어 있었어요. 저의 자금 6400만 원과 전세 대출을 합쳐 전셋집을 구했고, 6400만 원은 전셋집을 빼지 않는 한 활용할 수 없는 자금이었기에 제가 당장 가용할 수 있는 현금은 3600만 원이었습니다. 제가 돈을 모으려는 목적인 '안정적인 거주환경'을 현금 3600만 원으로 이루기에는 턱없이 부족했습니다. 저에게는 두 가지 선택지가 있었는데요, 하나는 전셋집을 빼고 부모님 집에서 거주하며 전세 보증금에 쓰고 있던 현금을 다시 되찾는 것, 또 하나는 현재 거주하고 있는 전셋집을 유지한 채 돈을 더 모으는 것이었습니다.

당시 저는 재택근무를 활발하게 하고 있었습니다. 업무 효율을 위해서는 당장 돈이 묶이더라도 자취를 유지하는 것이 더 효과적이라 생각했습니다. 그래서 저는 두 번째 선택지인 '현재 거주하고 있는 전셋집을 유지한 채 돈을 더 모아보는 것'을 선택했습니다.

앞서 1억 모으기를 하면서 제가 예상했던 것보다 스스로 더 잘 돈을 아끼고 모으는 모습을 발견했고 제 자신에 대한 믿음이 커졌기에 다음 목표는 조금 더 짧은 기간 동안 조금 더 많은 돈을 모아야겠다고 생각했습니다. 그래서 1년 안에 당장 가용할 수 있는 현금을 3600만 원에서 5000만 원으로 늘리는 것을 2차 목표로 세웠고, 이번에는 그동안 쌓아온 습관들뿐만 아니라 여러 사이드잡을 통한 수입 증가가 힘을 발휘해 6개월도 채 되지 않아 빠르게 2차 목표를 달성하게 되었습니다. 그 이후에도 꾸준히 돈을 모으며 현재는 1.5억의 자산을 만들게 된 것이죠.

저는 내 집 마련을 목표로 돈을 모으기 시작했기 때문에, 이렇게 돈을 모으는 와중에 틈틈이 '안정적인 거주환경'을 달성하기 위한 부동산 공부를 했습니다. 청약을 공부하고 도전했을 뿐만 아니라 청약 외에 주택을 매수할 수 있는 다른 방법인 재개발이나 재건축까지, 제가 가진 돈으로 목적을 달성하기 위한 현실적인 방법들을 열심히 찾아

나섰습니다.

적은 소득으로 인해 모은 돈이 적을 수밖에 없는 사회초년생이 온전히 종잣돈만을 사용해 집을 마련한다는 것에는 한계가 있었기에, 종잣돈과 더불어 대출 제도를 활용한다면 어느 정도 금액대의 주택을 매수할 수 있을지 대출 제도에 대한 공부를 했습니다. 자취를 하며 새어나가고 있는 전세 대출 이자나 관리비 등 거주비로 나가는 돈이 많았기에 거주비를 줄이고자 LH(한국토지주택공사)나 SH(서울주택도시공사)와 같은 각종 공공기관에서 진행하는 임대주택, 분양전환주택 등의 정책들도 조사했습니다.

하지만 현실은 여전히 쉽지 않았어요. 제가 돈을 모으는 속도보다 더 빠른 속도로 집값이 올랐고, 저는 정부에서 지원해주는 각종 대출 제도나 임대주택 등의 정책 지원 대상에는 해당되지 않았습니다. 그렇게 내 집 마련의 꿈은 점점 멀어져가더라고요. 그동안은 '안정적인 거주환경'을 위해 돈을 모은다는 목적이 뚜렷했고, 실현 가능한 쉽고 작은 목표를 세우며 달려왔는데 이제는 어떤 목적과 목표를 가지고 돈을 모아야 할지 막막해졌습니다. 그렇게 저의 돈 모으기에 정체기가 찾아왔습니다.

무조건
성공할 수밖에 없는 비법

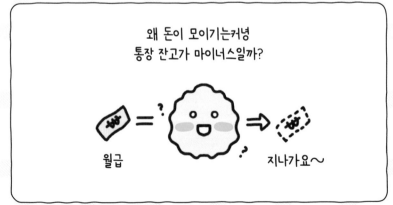

이제 막 본격적인 저축을 시작하려는 사람들이 가장 흔히 하는 실수 중 하나가 자신이 한 달에 얼마를 저축할 수 있는지 제대로 알지 못한 상태로 예금이나 적금 상품에 무작정 가입하는 것이 아닐까 생각합니다. 얼른 큰돈을 모으고 싶다는 조급함에, 당장 눈앞에 높은 금리를 제공하는 것처럼 보이는 예적금 상품들에 마구잡이로 가입한 적이 누구나 한 번쯤 있을 거예요. 그러다 어느새 예적금 상품에 넣는 월 납입액이 월급에 버금가는 금액이 되어버리고, 결국 급하게 돈이 필요하여 예상했던 이자보다 훨씬 적은 이자를 받으며 중도에 해지하게 되죠. 이렇게 한두 번 좌절하고 나면, 결국 저축이 어렵게 느껴지고 자신감이 떨어져 '나는 끈기가 없는 사람, 저축을 잘 못하는 사람'이라고 생각하고 포기하게 됩니다.

그럼 '성공할 수밖에 없는 저축'을 위해서 우리는 무엇을 해야 할까요? 저축을 하는 데 있어 제가 제일 중요하게 생각하는 것은, 단기간에 실현할 수 있는 쉽고 작은 목표를 세우는 것과 목표까지 도달하는 과정을 가시화하고 조금씩 목표와 가까워지는 모습을 주기적으로 확인하는 것입니다.

쉽고 작은 목표 성취하기

단기간에 실현할 수 있는 쉽고 작은 목표란 어떤 것일까요? 예시를 들어 설명해볼게요. 당장 보유하고 있는 자산이 1000만 원인 사람이 100억 부자가 되는 것을 목표로 세웠다고 생각해봅시다. 앞으로 99억 9천만 원을 더 모아야 한다는 생각에 벌써 가슴이 답답해지지 않나요? 매달 열심히 절약하여 100만 원씩 저축하고 있더라도 목표 금액인 100억에 비해 100만 원은 너무 적은 돈처럼 느껴질 것입니다. 목표까지 도달하는 과정이 멀게만 느껴지고, 돈이 모이고 있다는 것이 체감되지 않아 결국 금방 저축을 포기할 가능성이 큽니다.

그래서 저는 돈을 모으고자 결심한 이후, 단기간에 실현할 수 있는 쉽고 작은 목표를 세우기 위해 3개월 동안 무작정 저의 한 달 수입과 지출을 전부 기록해보기 시작했습니다. 짠테크로 버는 10원, 20원부터 중고 거래를 통해 번 돈 몇 천 원, 몇 만 원까지 다양한 금액의 부수입뿐만 아니라 길 가다가 사 먹은 아이스크림, 급하게 현금을 뽑느라 사용한 ATM 출금 수수료 등 자칫하면 놓칠 수 있는 사소한 지출들까지요! 그렇게 충분한 기간 동안 쌓인 데이터를 바탕으로 한 달 평균 수입과 평균 지출을 계산해봤어요. 그리고 수입 대비 한 달에 모을 수 있는 돈은 얼마인지 세어보았죠. 즉, 나의 '수입 대비 가용 예산'을 파악한 것입니다. 그리고 지금보다 '아주 조금만 더' 노력하면 이룰 수 있는 규모의 금액을 모으는 것을 목표로 세웠습니다.

내가 한 달에 모을 수 있는 돈이 40만 원이라면 단순 계산상으로 6개월간 모을 수 있는 돈은 240만 원 정도겠죠? 그래서 저는 240만 원이 아닌 조금만 더 노력하면 모을 수 있을 것 같은 금액인 300만 원을 모으는 것을 목표로 잡았어요. 당장은 한 달에 모이는 50만 원이 적게 느껴질 수 있습니다. 50만 원씩 모으더라도 우리의 삶이 크게 변화하지는 않기 때문이죠. 하지만 우리가 이 사소해 보이는 목표를 지금까지 실현해본 적이 있는지 생각해볼까요?

아마 대부분은 매달 모으는 50만 원이 너무 적은 돈이라는 생각에, 어딘가에 분명 더 빠르게 더 많은 돈을 벌 수 있는 방법이 있을 것이라는 생각에 일정한 금액을 꾸준히 저축하는 이 단순하고도 확실한 방법을 지키지 않았을 것입니다. 지레 짐작으로 적은 돈이라고 우습게 생각하며 돈을 모으지 못하는 것보다는 적은 돈이라도 일단 저축하며 목표가 이루어지는 성취감을 느껴보는 것이 낫지 않을까요?

가시화하기

　'가시화'란 목표까지 도달하는 과정을 그림이나 표, 그래프로 그려 매달 목표까지 남은 금액을 확인할 수 있도록 하는 것인데요, 저의 경우에는 매달 나의 자산, 그리고 목표 도달을 위해 앞으로 남은 금액을 원형 차트로 표시하여 기록했습니다. 가계부를 결산하는 날이면 은행계좌부터 시작해 증권계좌 등 제가 가지고 있는 자산의 모든 잔액을 체크했어요. 그리고 매달 목표 도달까지 남은 금액을 차지하는 영역이 점점 좁아지는 것을 눈으로 보았습니다. 즉, 목표와 점점 가까워지고 있음을 확인한거죠.

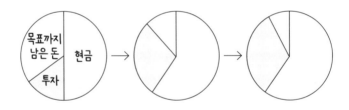

　막연하게 머릿속으로 남은 금액을 계산하던 방식보다 훨씬 구체적으로 느껴졌고, 힘을 내어 다음 달의 재테크를 지속할 수 있었으며 결국 이는 돈 모으는 속도를 가속화하는 데 큰 도움이 되었습니다.

사회초년생은 월급의 얼마를
저축해야 할까?

마지막으로 사회초년생에게 적절한 저축률에 대한 이야기를 해보고 싶어요. 절약 혹은 재테크를 이야기할 때 매체에서 정말 많이 등장하는 단어가 바로 '저축률'인데요, 저축률은 전체 소득 대비 저축의 비율을 말합니다. 저는 '전체 수입 대비, 생활비 지출을 제외한 나머지 금액 중 저축의 비율'로 저축률을 정의해보려고 합니다. 예를 들어 한 달 월급이 200만 원인 사람이 식비, 쇼핑비 등 생활비에 50만 원을 사용하고 나머지 금액은 예적금 상품 납입이나 주식투자에 사용했다고 가정해봅시다. 그렇다면 이 사람의 저축률은 전체 수입인 200만 원 대비 생활비 지출을 제외한 나머지 금액인 150만 원을 저축했으므로 75%가 됩니다.

사회초년생 때는 가족을 부양하는 데 드는 돈이 적고, 경조사가 많지 않기 때문에 흔히들 월급의 80%, 90%는 저축하라고 권장합니다. 하지만 대부분 사회초년생의 한 달 월급은 200만 원대인 상황에서 월급의 80~90%를 저축하려면 한 달에 20~40만 원만 지출하며 생활해야 합니다. 월세, 공과금, 통신비 등의 고정지출만 다 더해도 그 금액을 훨씬 넘는 것이 현실이고요.

저 역시 나름대로 절약을 하기 위해 매달 정기적인 고정 지출을 최대한으로 줄였지만, 월급의 약 50%를 저축하는 것이 최선이었습니다. 그렇다면 월급의 80~90%를 저축하고 있지 못하는 사람들은 제대로 돈 관리를 하지 못하고 있는 걸까요? 자신의 수준에 맞지 않는 사치를 부리고 있는 걸까요? 저는 절대 그렇지 않다고 생각합니다.

누군가는 부득이하게 직장과 자택 사이의 거리가 멀어 자취가 필수인 사람도 있을 것이며 누군가는 가정형편으로 인해 수입의 대부분을 가족을 위해 써야 하는 사람도 있을 것입니다. 지마다 수입과 지출 상황이 다른데 어떻게 획일화된 저축률 기준을 세울 수 있을까요? 그래서 저는 따라갈 수 없는 남들의 저축률과 나의 저축률을 비교하며 스트레스 받기보다는 나의 상황에 맞춘 나만의 저축액 목표를 세우고 따르기로 했습니다. 다만, '매년 수입이 늘어나더라도 일정 수준의 소비를 장기적으로 유지하는 것'을 가장 중요하게 생각했습니다. 그러면 한 해 한 해 지날수록 저축률은 점점 높아질 것이라는 자신감이 있었습니다.

실제로 저는 딱 1년 만에, '매년 수입이 늘어나더라도 일정 수준의 소비를 장기적으로 유지하는 것'의 효과를 톡톡히 봤습니다. 처음 가계부 작성을 시작했을 시기에 저의 저축률은 50% 정도였지만, 현재는 90%까지도 달성하고 있어요. 월급 외에 짠테크와 사이드잡으로 전체적인 수입을 늘린 데 반해, 지출은 1년 전 그대로 유지한 덕분입니다.

Q. 이제 막 사회생활을 시작하는 사회초년생인데, 적절한 예적금 상품을 추천해 주세요.

A. 저마다 처한 상황이 너무 다르기 때문에, 특정 상품을 추천하기보다는 자신에게 꼭 맞는 상품을 선택하기 위해 고려해야 할 기준 몇 가지를 말씀드리고 싶어요.

- 내가 한 달에 고정적으로 쓰고 있는 지출액은?
- 내가 한 달에 모을 수 있는 저축액은?
- 결혼이나 내 집 마련과 같이 단기적으로 목돈이 필요한 상황이 발생할 가능성이 있는지?
- 지금 당장 가용할 수 있는 현금이 어느 정도 되는지?
- 주거래은행이 따로 있는지?

투자

쉽고 빠르게
많이 버는 법을 찾는다면

일을 한 만큼만 벌고 있는
지금의 삶

그동안 모은 돈을
어떻게 불려야 할까?

수년간 경험해보니···
주식 투자로 돈을 불리기는
쉽지 않은걸

그렇다면 정답은···?

?

?

?

여러분은 '투자' 하면 어떤 것부터 떠오르시나요? 대부분 주식 투자나 부동산 투자, 가상화폐 투자 등을 떠올리실 것 같아요. 이외에도 펀드, 금, P2P Peer to Peer(개인 간 대출) 등 다양한 투자의 종류가 있는데요, 이제 막 가계부 쓰기로 재테크를 시작하신 분들에겐 모든 투자들이 너무 어렵고 위험한 것으로 느껴지곤 할 거예요. 해당 투자에 대한 지식이 부족하기도 하고, 많은 돈을 투입해서 큰돈을 번 사람들의 이야기가 많기 때문이죠. 하루아침에 투자로 엄청난 부자가 된 사람들의 이야기를 많이 접하기 때문에 무조건 큰돈을 벌어야 투자에 성공한 것이라고 오해하기도 쉬운 것 같습니다.

저는 현재 회사에 다니며 근로소득을 얻고 있고, 취미로 시작한 사이드잡으로 사업소득도 얻으며 부지런히 소득을 늘리고 지출을 줄이며 저축액을 늘려나가고 있습니다. 하지만 언젠가부터 '내가 언제까지 지금의 소득을 유지할 수 있을까?'라는 생각이 들기 시작했어요. 딱 제가 일한 만큼 돈을 벌고 있는 상황이었는데, 초반에 에너지를 너무 많이 쓴 탓일까, 점점 일을 하는 데 마음처럼 속도가 붙지 않고 버거워지며 조금씩 사업 소득이 줄어드는 것이 눈에 보였습니다.

제한된 소득으로 저축을 하는 데엔 한계가 있고, 그마저도 불가피한 상황으로 인해 소득이 줄어든다면 더더욱 생활하는 데 큰 지장이 생길 것 같은 불안감이 들었습니다. 이로 인해 자연스레 '내가 일을 해야만 돈을 벌 수 있는 구조'가 아닌 '내가 일을 하지 않더라도 최소한의 삶을 살아갈 수 있는 구조'에 대한 고민을 시작하게 되었어요. 그리고 그 답의 실마리를 '굴리는 투자'에서 찾을 수 있었습니다.

조기은퇴를 하고 더 이상 일을 하지 않으며 최소한의 생활비로 삶을 살아가는 파이어족들은 그들이 모아둔 종잣돈을 나름의 투자 방식대로 굴려서 한 달 생활비를 만들고 있더라고요. 투자라고 하면 자산을 '불리기' 위한 것이라고만 생각했었고, 더 벌기의 한계를 느낀 이후 가벼운 정체기를 겪고 있던 저에게 파이어족들의 굴리는 투자는 신선한 충격을 주었습니다.

주식 투자로 자산을 늘리고 부동산 투자로 내 집 마련을 하는 것은 어렵게 느껴지지만, 가지고 있는 돈으로 생활비에 보탬이 되는 현금 흐름을 만드는 것은 상대적으로 가볍게 시작할 수 있는 목표이기에 덜 부담스럽게 느껴지실 거예요. 투자에 대한 어려움을 느낀다면, '불리기'가 아닌 '굴리기'를 목표로 공부를 해보면 어떨까요? 제가 어떻게 굴리는 투자를 하고 있는지는 Part 2 〈나의 투자 일지〉에서 자세히 이야기해보겠습니다.

- -

Q. 부채도 있고 돈도 모으고 싶은데 어떤 것을 우선시해야 할지 모르겠어요.

A. 어떤 부채인지에 따라, 그리고 저마다 처한 상황이 어떠한지에 따라 다를 것 같아요. 예를 들어 이자가 그리 높지 않아 각자의 기준에 따라 지금 당장은 감당 가능한 이자라면, 그리고 투자에 대한 확신이 있다면 대출 상환보다는 투자를 우선순위에 둘 수도 있고, 투자에 대한 자신이 없고 대출 금리가 높으면 부채를 먼저 갚는 것이 더 좋을 것 같아요.

제 사례를 말씀드리자면, 저는 전세자금대출을 받아 자취를 하고 있었는데 청약에도 도전하고 있었어요. 청약 당첨 시 계약금과 중도금을 내려면 일정 금액의 현금을 보유하고 있었어야 했습니다. 제가 감당하기에 전세자금대출이자가 그리 부담스럽지 않았기에 대출이자를 계속 내야 하더라도 우선은 현금 보유에 집중하겠다는 생각으로 대출 상환보다는 저축을 우선시했구요. 그런데 저처럼 목돈이 필요한 상황이 아니고, 신용대출이나 카드론 대출 등 이자가 부담스러운 대출이라면 저축보단 대출 상환이 우선이겠죠!

나를 믿는 마음
하나면 돼

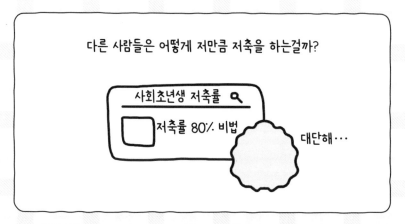

다른 사람들은 어떻게 저만큼 저축을 하는걸까?

사회초년생 저축률 🔍

저축률 80% 비법

대단해···

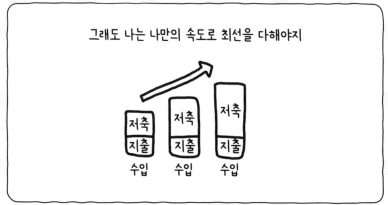

그래도 나는 나만의 속도로 최선을 다해야지

오랜만에 부산에서 즐거운 여행을 즐기고 다시 서울로 돌아와야 하는 상황을 생각해볼까요? 내비게이션을 찍어 보니 예상 소요시간이 5시간 37분 걸린다는 안내 멘트가 나옵니다. 우리는 이렇게 생각합니다.

'아 너무 늦는데? 빨리 도착해서 쉬고 싶은데…'.

여행 마지막 날이라 많이 지쳐 있는 상태이기에 '내비게이션에서 안내해준 것보다 조금 더 서두른다면 더 빠르게 목적지에 도착할 수 있지 않을까?'라는 욕심이 생깁니다.

'그래, 5시간 안에 도착해보자. 난 할 수 있어!'

평소보다 자동차 엑셀을 더 밟아 속도를 조금 높여봅니다. 조급한 마음에 빠른 속도로 운전했더니 예상 소요시간이 2분 단축되었습니다. 그래도 아직 갈 길이 머네요. 좀처럼 시간이 단축되지 않자 주변을 살펴봅니다. 왠지 내가 가고 있는 이 차선은 느려 보이고 다른 차선이 더 빨라 보입니다. 이쪽 차선 저쪽 차선 옮겨 다니며 조금 더 빨라 보이는 차선을 선택해봅니다.

이렇게 마음이 조급하다보니 때로는 위험한 상황이 생기기도 합니다. 엑셀을 밟으며 달리던 도중 규정 속도를 위반할 뻔하기도 하고, 뒤에서 달려오는 차량을 미처 보지 못한 채 치선 변경을 하다가 사고가 날 뻔하기도 합니다. 그래도 이렇게 달렸더니 예상 소요시간이 17분 단축되었습니다.

생각보다 많이 단축되진 않았지만, 그래도 조금 더 빨리 도착할 수 있다는 생각에 기분이 좋아집니다. 내가 내비게이션이 예측한 것보다 우월하게 운전했다는 생각에 괜시리 뿌듯해지기도 하고요.

장시간 달려온 끝에 목적지인 서울에 가까워졌습니다. 예상 소요시간을 줄이는 데 집중하며 휴게소 한번 들리지 않고 온몸의 신경을 곤두세우며 운전을 했습니다. 서울에 가까워질수록 속도는 더 빨라집니다. 이제 조금만 가면 서울 진입인데, 갑자기 차가 막히기 시작합니다! 내 앞의 차들은 움직일 기미가 없고 예상 소요시간은 점점 늘어나기 시작합니다.

'이상하다? 나 분명 빠르게 달려왔는데 왜 시간이 안 줄어들지…?'

조급한 마음에, 집에 도착해서 빨리 쉬고 싶은 마음에 무리하게 운전을 했지만 결국 처음 내비게이션이 예측했던 그대로 5시간 37분이 걸려 집에 도착했습니다. 괜히 몸과 마음만 더 피곤해진 기분입니다. 이럴거면 조금 오래 걸리더라도 중간중간 휴게소에 들러 쉬기도 하고 신나는 음악을 들으며 여유롭게 운전을 즐길 걸 후회가 남습니다. 분명 부산에서 재밌게 놀았는데 그 기억은 사라진 채 허무함만 남았네요.

우리가 돈을 모을 때도 이와 비슷합니다. 사회초년생 A씨의 이야기를 들어볼까요? 취업의 기쁨과 달콤한 월급의 맛도 잠시, 월급 받아서 다 써버리면 안 된다는 부모님의 잔소리가 시작됩니다. 친구들에게 어떻게 돈 관리를 하고 있나 물어보니 야무진 친구들은 이미 예금과 적금을 몇 개씩 가입해놓고 주식 투자까지 하고 있다고 합니다.

친구들을 만나고 돌아오는 길, 불안한 마음에 '사회초년생 재테크' 영상을 검색해서 보기 시작합니다. 영상에 나오는 이들 중에는 나와 같은 또래인데 벌써 몇 억을 모았거나, 내 집 마련을 한 사람도 있다고 합니다. 저렇게 하려면 월급의 80~90%를 저축하는 것이 필수라는데, 지금 와서 씀씀이를 줄이자니 어디서부터 시작해야 할지 막막하기만 할 뿐입니다. 일단 1억부터 모아볼까? 1억을 모아 무엇을 할지는 모르겠지만 한 달에 140만 원씩 모으면 6년 후에는 1억 조금 넘는 돈이 모인다고 하니 목표로 삼아보기로 합니다.

A씨는 자신이 한 달에 얼마나 소비하는지도 잘 모르는 상태에서 목표 저축액을 달성하기 위해 줄일 수 있는 건 모두 줄이기 시작합니다.

친구들과의 만남을 줄여보기도 하고, 밥 먹는 돈이 아까워 편의점 음식으로 대충 때워보기도 하고요. 이렇게 했더니 지난달보다 5만 원이나 아꼈습니다. 그래도 아직 갈 길이 멀게 느껴져 좀 더 빠르게 돈을 불리는 방법을 찾아보니 누군가는 요즘 주식으로 돈 못 벌면 바보라 하고, 누군가는 가상화폐 투자로 짭짤한 수익을 거뒀다고 합니다. 왠지 내가 하고 있는 이 예적금으로는 돈 모으는 속도가 너무 느린 것 같고, 다른 투자가 더 빠르게 돈을 모을 수 있는 방법처럼 보입니다. 이 투자 저 투자 옮겨 다니며 조금 더 빨라 보이는 방법을 선택해봅니다.

이렇게 마음이 조급하다보니 때로는 잘못된 선택을 하기도 합니다. 특정 주식이 오르고 있다길래 매수했는데 내가 사자마자 가격이 떨어지기 시작하고, 점점 손실이 심해져 눈물을 머금고 마이너스인 상태로 매도했더니 얼마 있지 않아 다시 오르기 시작합니다. 이번 달 결산을 해보니 주식 투자에서는 돈을 잃었지만 그래도 운이 좋아 가상화폐 투자에는 성공했고, 주식으로 잃은 돈을 감안해도 지난달보다 10만 원을 더 벌었네요. 본격적인 재테크를 시작한 지 얼마 되지도 않았는데 벌써 이렇게 수익을 내다니! 내가 무언가 해냈다는 생각에 뿌듯하기도 하고, 예상보다 조금 더 빠르게 내가 목표한 금액을 모을 수 있을 것 같다는 생각에 기분이 좋습니다.

1억이라는 목표를 향해 장시간 달려온 어느 날, 이제 목표 저축액에 거의 가까워졌다고 느껴집니다. 그동안 쉴 새 없이 달린 탓에 굉장히 지쳐 있는 상태이지만 이제 조금만 더 모으면 목표 금액에 도달한 다는 희망을 가지고 저축에 조금 더 열심을 내봅니다. 그런데 조금이 라도 더 빨리 도달하고 싶은 마음은 전달되지 않은 채 복병이 생겼습 니다. 갑자기 내린 소나기 때문에 편의점에서 산 우산과 같은 예상 외의 작은 지출들이 생기고, 주식 투자로 손해를 보며 돈이 좀처럼 모이 지 않기 시작합니다. 이제 조금만 더 모으면 1억인데… 결국 이번 달에도, 다음 달에도 통장 잔고는 변함이 없습니다.

빨리 목표한 금액을 모으고 싶은 조급한 마음에 무리하게 절약도 하고 투자도 했지만 결국 처음 예측했던 그대로, 1억을 모으는 데 6년이 걸렸습니다. A씨는 자신이 한 달에 얼마를 지출하고 얼마를 모을 수 있는지도 모르는 채 한 달에 135만 원이라는 저축 목표를 잡고 무작정 소비를 줄이는 데에만 집중했습니다. 그러다 보니 스트레스를 받아 보복소비를 하기도 했고, 빨리 추가로 수입을 만들고 싶은 마음에 공부도 하지 않고 투자에 덤비기도 했습니다.

목표를 이룬 후에 되돌아보니 친구들과 즐거운 시간도 보내고, 여행도 다니면서 나의 소비 성향을 파악하고, 내가 얼마를 모을 수 있는지 계산도 해보며 천천히 소비를 줄였어야 했다는 후회가 생깁니다. 분명 처음 사회생활을 시작하며 조금씩 돈을 모았을 땐 뿌듯함 가득이었는데 그 기억은 희미해진 채 허무함만 남았습니다.

A씨의 사례에서 알 수 있듯이 때로는 우리의 목표 저축액이 너무

커서, 너무 멀게만 느껴져 조급해지기 쉽습니다. 남들은 더 빠르게 가는 것 같고, 남들은 벌써 저만큼이나 달성했다는데 상대적으로 나의 통장 잔고는 초라하게 느껴질 때가 있습니다. 하지만 저는 저마다 스스로에게 맞는 속도가 있다고 말씀드리고 싶어요. 수입도 성향도 각자 처한 상황도 제각각인 우리가 나만의 속도는 고려하지 않은 채, 나의 상황은 고려하지 않은 채 먼 길을 빠르게 가려고만 하면 그 과정은 즐거울 수 없고, 목표에 도달했을 때 허무함을 느낄 수밖에 없습니다. 돈을 모을 때 조급함이 느껴지더라도 과정을 최대한 즐기며, 우리의 속도대로 할 수 있는 만큼만 최선을 다하며 묵묵히 해나가요!

DO NOT FOLLOW MONEY, MAKE MONEY FOLLOW YOU

새는 돈은 막고,
들어오는 돈은 꽉 잡는 법

내가 가계부를
꾸준히 쓸 수 있었던 이유

나만의 규칙을 정해두지 않으면 가계부 작성이 어려울 수밖에 없다

가계부···
언제부터 작성해야 하지?

포인트로 결제한 건?
나중에 페이백 받는 건?

월급날?　　　　　1일?

그래서 우리는 금방 지쳐 포기하곤 한다

가계부 쓰는 거
어려워···

그냥 평소처럼
쇼핑할래!

가계부를 작성하기로 결심하더라도 금방 포기하는 사람들의 특징은 무엇일까요? 바로 가계부 작성 규칙을 세워두지 않았다는 것입니다. 일정한 기준이 없으니 이런 경우엔 가계부에 어떻게 작성을 할지, 저런 경우엔 또 어떻게 작성을 할지 매 순간 고민이 필요합니다. 점점 헷갈리고 일관되지 않은 기준들에 휩싸여 점점 가계부를 작성하는 데 어려움을 느끼기 시작합니다. 그동안 작성해둔 가계부 기록을 돌이켜 보더라도, 돈을 얼마나 썼고 얼마나 모았는지 눈에 잘 들어오지 않죠. '이럴거면 왜 가계부를 작성하지…?'라는 의문이 들기 시작하며 점점 가계부와 멀어지게 됩니다. 특히 단순한 지출 기록이 아니라 예산을 세우고 그에 맞춰 소비하는 것을 목적으로 가계부를 작성하는 경우에 는 가계부 작성 규칙이 매우 중요한데요, 사실 몇 가지 규칙만 정해두면 가계부 작성은 훨씬 쉬워집니다. 가계부 작성이 쉬워지는 몇 가지 규칙을 함께 정해볼까요?

가계부 시작일은
언제로 해야 할까?

첫 번째로는 '가계부 작성 기준 일자 정하기'입니다. '가계부 작성 기준 일자? 그냥 보기 편하게 1일부터 쓰면 되는 거 아닌가?'라고 생각하시는 분들이 분명 계실 거예요. 하지만 편리하게 돈을 관리하기 위한 '한 달의 기준'은 저마다 다릅니다. 누군가는 매달 1일부터 말일까지를 한 달로 생각해야 돈 관리가 편할 수 있고, 누군가는 매달 월급날부터 그 다음 월급날 직전일까지를 한 달로 생각해야 돈 관리가 편할 수 있죠. 왜일까요? 함께 살펴봅시다.

월급날을 기준으로 가계부를 작성하게 되면, 월급이 들어오자마자 각 계좌로 필요에 따라 수입을 분배해 이체해둘 수 있어 관리가 편합니다. 하지만 달의 중간부터 한 달 가계부 작성을 시작하기 때문에 주기에 맞춰 가계부를 작성하는 데 불편함을 느낄 수도 있어요.

매달 1일 시작을 기준으로 가계부를 작성하게 되면, 1~31일까지 우리에게 익숙한 '한 달'의 개념으로 가계부 작성이 가능하기 때문에 어색하지 않게 가계부를 쓸 수 있다는 장점이 있습니다. 하지만 월급날로부터 1일까지의 공백이 있는 동안 지출이 발생한다면 미리 다음 달 수입을 끌어와 지출을 충당해야 할지, 이번 달 지출에 포함시켜야 할지 등 세세한 부분을 작성하는 데에 있어 어려움이 생길 수 있습니다.

이러한 장단점들을 복합적으로 고려해 본인이 관리하기 편한 방식으로 가계부를 작성하는 것이 좋습니다. 가계부 작성에서의 핵심은 '내가 관리하기 편한 방식'이기 때문에, 여러 방법을 시도해보고 자신이 편한 방법을 선택하면 돼요. 참고로 저의 경우에는 월급날 시작을 기준으로 가계부를 작성하고 있습니다.

특히 제가 추천하는 방향은 정기 결제, 카드 대금 결제일을 월급날로부터 2~5일 이내로 맞추는 것인데요, 이렇게 하면 가계부 작성을 시작하는 시점에 대부분의 고정 지출이 이루어지고 진짜 내가 사용할 수 있는 금액만 남게 되기에 예산 대비 사용액이 얼마인지 눈으로 확인하기에 편해집니다.

할인받은 금액은 어떻게 기록할까?

두 번째로 정할 규칙은 지출 내역을 작성할 때의 지출 일자와 금액에 대한 것입니다. 카드사 포인트를 이용하여 결제한 경우 영수증에 찍힌 금액을 가계부에 적어야 할까요, 아니면 포인트를 제외한 금액을 가계부에 적어야 할까요? 페이 서비스에 포인트를 충전하여 사용하는 경우 포인트를 충전한 날짜를 기준으로 가계부에 적어야 할까요, 아니면 충전한 포인트로 물품을 구매하는 날짜를 기준으로 가계부에 적어야 할까요?

포인트를 돈처럼 수입과 지출로 관리할지, 할인 수단으로 생각하는지에 따라 기준이 달라질 것 같습니다. 가계부 작성에 정답은 없기에 각자 관리하기 편한 대로 작성하는 것이 중요한데, 기준을 잡을 때 도움이 되도록 몇 가지 내용을 함께 정리해봐요.

나만의 지출 내역 작성 규칙

내용	지출 일자 기준	지출 금액 기준	비고
포인트 충전형	충전해둔 포인트로 구매 시점	포인트 사용 후 실결제금액	예) 네이버페이
기프트카드 구매형	기프트카드 구매 시점	기프트카드 구매 가격	예) 카페 기프트카드
지역화폐	지역화폐로 결제 시점	지역화폐 할인가	예) 서울사랑상품권
즉시 할인형		할인된 가격	예) 통신사 멤버십
캐시백/페이백	물품 구매 시점	캐시백/페이백 후 금액	

다양한 결제수단을 사용할 경우

우선, 가계부 작성 날짜와 관련하여 '포인트 충전일자를 기준으로 정리할 것인가, 혹은 충전한 포인트로 물품을 구매한 구매일자 기준으로 정리할 것인가'에 대해 생각해볼까요? 저의 경우 크게 세 가지 경우로 나누어 각각 지출 날짜를 정리하고 있습니다. 첫 번째로는 네이버페이나 카카오페이와 같은 페이 서비스류에 해당하는 '포인트 충전형'입니다. 미리 포인트를 충전해두고 추후에 충전해둔 포인트로 제품을 구매하는 경우인데, 저의 경우엔 충전해둔 포인트로 제품을 구매하는 시점을 기준으로 지출 날짜를 정리하고 있어요.

두 번째로는 카페에서 사용하는 충전형 카드 형태의 '기프트 카드'입니다. 저의 경우엔 중고거래시장에서 기프트 카드를 미리 구매하고, 추후에 기프트 카드로 음료 등을 구매하는 편인데, 중고기레시장에서 기프트 카드를 구매하는 시점을 지출 날짜로 정리하고 있어요.

세 번째로는 서울사랑상품권이나 자치구별 지역상품권과 같은 '지역화폐'인데요, 1년에 몇 번 비정기적으로 지역화폐를 구매할 수 있고 한도가 정해져 있기 때문에 대부분 한번에 몇 십 만 원씩 큰돈을 들여 지역화폐를 구매하는 경우가 많습니다. 이렇게 지역화폐를 구매하고 나면 분명 그 달 생활비 예산은 지역화폐만 구매했는데도 벌써 마이너스가 되고 말죠. 그래서 저는 지역화폐 구매 시에는 그동안 모아둔 비상금 통장을 이용하는 편이며, 지역화폐를 구매하는 시점이 아닌 지역화폐로 결제하는 시점을 기준으로 지출 날짜를 정리하고 있습니다.

할인된 가격 vs 할인 전 가격

그 다음으로는 '할인된 가격을 기준으로 지출로 정리할 것인가, 혹은 할인 전 가격을 기준으로 지출로 정리할 것인가'에 대해 생각해볼까요? 이 역시 크게 세 가지로 나누어 지출 금액을 정리할 수 있습니다. 첫 번째로는 통신사 멤버십과 같은 '즉시 할인형'입니다. 통신사 멤버십을 이용하면 베이커리나 편의점 등에서 제품을 할인된 가격에 구매할 수 있는데, 저의 경우엔 멤버십 할인 이후의 금액을 기준으로 지출 금액을 정리하고 있어요.

두 번째로는 카드사 제휴 할인이나 특정 서비스 프로모션에서 자주 보이는 '캐시백·페이백'입니다. 예를 들어 15,000원짜리 제품을 구매하고 카드사 제휴 할인을 받는 경우 15,000원이 결제된 후 1,500원이 캐시백 혹은 페이백되는 경우가 있을 것입니다. 이런 경우엔 제품 구매 영수증에는 15,000원이라고 적혀 있지만, 추후에 카드 대금 결제가 이루어질 때에는 13,500원이 출금됩니다. 그럼 가계부에 작성할 땐 그날의 지출을 15,000원이라고 해야 할까요, 혹은 13,500원이라고 해야 할까요? 저의 경우엔 캐시백·페이백 이후의 금액을 기준으로 지출 금액을 정리하고 있습니다.

세 번째로는 앞서 이야기한 서울사랑상품권이나 자치구별 지역상품권과 같은 '지역화폐'입니다. 서울사랑상품권의 경우 7% 할인된 가격으로 구매할 수 있어 97,000원으로 100,000원어치의 지역화폐를 구매할 수 있는데요, 저의 경우엔 서울사랑상품권으로 30,000원어치를 결제한다면 가계부엔 29,100원을 적는 등 할인 이후의 금액을 지출 금액으로 정리하고 있습니다.

Q. 신용카드 대금은 가계부에 어떻게 작성해야 할까요?

A. 저의 경우, 신용카드를 체크카드처럼 쓸 수 있게 카드대금 바로결제 서비스를 통해 신용카드 결제 내역을 관리하고 있어요. 대금 납부일이 다음 달로 넘어가지 않게 신용카드로 결제한 금액은 다음날 즉시 대금을 결제합니다. 또한 실제 소비가 이루어진 날을 기준으로 가계부를 작성하기 때문에, 3월 17일에 신용카드로 우유를 구매하고 3월 18일에 신용카드 대금 납부를 했다면 3월 17일에 지출한 것으로 지출 내역을 작성하고 있습니다.

내 돈의 흐름은
내가 주도한다

소중한 내 돈 얼마나 있나～

왜 이것밖에 없지…?

말도 안 돼 그럴 리 없어…

지갑 텅텅

여기에 있었네!

이번에는 지출과 관련된 모든 정보를 정리해보도록 할게요. 현재 내 자산이 어디에 얼마나 분포되어 있는지, 내가 자주 사용하는 결제수단은 무엇인지 확인해보고, 내 소비 스타일에 맞게 지출 카테고리를 정해봐요!

내 계좌를 한번에 모아보자

가장 먼저 모든 계좌 내 잔고를 확인해볼게요. 생각보다 내가 보유 중인 계좌가 몇 개나 되는지, 어느 계좌에 얼마의 금액이 들어 있는지 모르는 사람들이 많습니다. 과거에 만들어두었다가 이제는 사용하지 않는 대학교 학생증과 연결된 계좌라든지, 특정 카드 개설을 위해 만들었다가 해당 카드를 해지한 이후

다시는 사용한 적이 없던 계좌라든지… 찾아보면 내가 모르고 있던 계좌가 많았다는 걸 알 수 있을 거예요. 최초에 내가 얼마큼의 금액을 보유하고 있는지 알고 있어야 다음 달엔, 그 다음 달엔 얼마나 모았는지 계산하기 편하기 때문에 이번 기회에 사용하지 않는 계좌들을 정리해볼게요.

통장 잔고를 정리할 때, 추천하고 싶은 어플은 어카운트인포인데요, 금융결제원에서 만든 어플로 은행 계좌뿐만 아니라 증권 계좌, 제2금융권 계좌도 확인이 가능하며 카드사 포인트까지 확인이 가능하니 꼭 설치해보는 것을 추천해요!

어카운트인포에는 '내 계좌 한눈에'라는 기능이 있는데, 이 기능을 이용하여 은행 계좌뿐만 아니라 제2금융권 계좌, 증권 계좌 등 보유 중인 모든 계좌의 통장 잔고를 확인할 수 있어요. 잊고 있던 입출금 계좌에서 쌓여 있는 이자라도 발견하게 된다면 얼마나 기쁜지 몰라요. 카카오뱅크의 '세이프박스'와 같이, 눈에 잘 띄지 않고 소액만 보유할 수 있는 계좌 역시 꼼꼼히 확인해봅시다. 그리고 이왕 잔고들

을 확인하는 김에 사용하지 않는 계좌는 과감히 해지하는 걸 추천해요. 통장이 많아지면 관리가 어려워질 수 있으니, 우선 통장을 올바르게 관리하는 습관을 먼저 잡은 후 점차 필요에 따라 계좌를 늘려 나가는 편이 좋습니다. 통장 정리의 결과물은 다음과 같습니다.

금융자산 총정리

유형	용도	내용	금액	계좌번호
은행	생활비	토스뱅크	1,000,000	000-000-00000
	파킹통장	케이뱅크	3,400,000	000-000-00000
	월급	우리은행	0	000-000-00000
	저축	저축은행	2,300,000	000-000-00000
	연금	국민은행	0	000-000-00000
증권	국내/해외주식	한국투자증권	9,000,000	000-000-00000
	연금저축펀드	미래에셋증권	1,500,000	000-000-00000
	국내주식	KB증권	200,000	000-000-00000
	국내/해외주식	토스증권	5,000,000	000-000-00000
충전형	생활비	네이버페이	4,300	
	생활비	카카오페이	30,200	
	생활비	서울페이	485,000	

이 과정이 끝나면, 누군가 당신에게 '지금 바로 가용할 수 있는 현금이 얼마나 되나요?'라고 묻거나 '현금과 투자 비중이 어느 정도 되나요?'라고 물었을 때 머릿속에서 계산할 필요도, 휴대폰 은행 앱에 들어가 하나하나 계좌의 잔고를 확인할 필요도 없이 바로 답변할 수 있

을 거예요. 벌써 우리에게 돈의 흐름을 잡는 약간의 주도권이 생겼습니다!

내 카드를 한번에 모아보자

그 다음으로는 어카운트인포에 있는 '내 카드 한눈에' 기능을 이용하여 소지 중인 모든 카드의 종류와 혜택, 결제일을 정리해봐요. 카드의 종류와 혜택은 고려하지 않은 채 예쁜 디자인에 홀려 카드를 새로 만들었거나, 단 한 번의 공항 라운지 혜택을 받기 위해 카드를 새로 만들었을 수도 있어요. 지금은 일회성으로 만든 카드들을 골라 앞으로 사용하지 않을 카드는 해지하는 지혜가 필요한 시점입니다.

카드를 많이 보유하고 있다는 것은 돈이 빠져나갈 구멍이 그만큼 많다는 뜻도 됩니다. 잘 쓰지 않아 잊고 있던 카드에 정기 결제 건이 연결되어 있어 조금씩 돈이 빠져나가고 있을 수도 있고, 자주 사용하는 카드를 집에 두고 나와 급하게 다른 카드로 일회성 결제를 하는 등 관리할 지출 내역만 늘어나는 셈이기 때문입니다.

그렇다면 어떤 카드는 남겨두고 어떤 카드는 해지해야 할까요? 3달간의 결제 내역을 바탕으로 각 지출 카테고리의 평균 금액을 계산하고, 내가 자주 사용하는 카테고리에서 할인 혹은 적립 등의 혜택을 제공하는 카드만 남겨두고 나머지 불필요한 카드는 해지합니다.

그럼 이제 지출 카테고리를 어떠한 기준으로 분류하여 정리하면 좋을지 알아볼까요?

지출 카테고리 정리하기

가장 먼저 가장 자주 사용하고 있는 카드 1~2개를 골라 최근 3달간의 결제 내역을 쭉 뽑아봅니다. 결제 내역을 뽑아보면서 어떤 카테고리에서 가장 많은 소비를 했는지, 얼마를 소비했는지를 정리해봅니다. 여기서 카테고리라 함은 식비·카페·경조사·의류·자기계발·생활용품 등 각 소비의 성격에 어울리는 이름표를 의미해요.

내가 어떤 카테고리에서 주로 얼마를 소비하는지 확인하는 과정에서 어떻게 지출 카테고리를 분류해야 관리하기가 편할지 대략적인 감이 생길 거예요. 우리가 지출 카테고리를 나누어 가계부를 정리하는 근본적인 이유는 무엇일까요? 바로 '어떤 부분에서 얼마나 소비하는지'를 조금 더 명확히 보고 싶기 때문일 것입니다.

가계부 작성에 있어서 핵심은, 내가 관리하기 편한 방향으로 작성하는 것이기에 각자의 기준에 맞추어 지출 카테고리를 정리해두면 좋아요. 누군가는 대분류·중분류·소분류로 세세하게 나누어 관리하는 것이 편할 테고, 누군가는 대분류만 정의하여 관리하는 것이 편할 수 있습니다. 저의 경우에는 어떤 부분에서 많이 소비하는지를 확인하는

데 있어서 대분류·중분류·소분류를 세세하게 나누는 것은 과도하다는 느낌이 들어서 대분류만 정리하고 있습니다.

저의 경우에는 전체적인 생활비 예산만 미리 계획하고 각 항목별 예산은 따로 계획하지 않고 있는데요, 각 항목별 예산을 미리 계획해 버리면 꼭 그 예산 내에서 소비해야 한다는 부담감뿐만 아니라 특정 항목에서 예산보다 덜 소비하게 되는 경우 괜히 다른 항목에서 덜 소비한 만큼 채우고 싶은 욕망이 생기기 때문입니다. 또한 계절 혹은 시기별로 항목에 따라(예-의류비, 경조사비 등) 달마다 예산을 다르게 책정해야 하는 경우가 있을 수도 있습니다. 하지만 많은 사람들이 가계부를 작성할 때, 항목별 예산도 함께 계획하고 있기에 이 책에서는 예산을 적을 수 있도록 별도의 공간을 마련했어요. 그 결과물을 작성해 본다면 다음과 같습니다.

지출 카테고리 목록

항목	내용	예산
식비	아침, 점심, 저녁 끼니를 챙기는 데 드는 비용	100,000
카페 및 간식	커피를 마시거나 편의점에서 사 먹는 간식 등	30,000
생활용품	집안일에 필요한 청소용품이나 식기류 등	50,000
경조사비	친구들 생일선물이나 결혼식 축의금과 같은 비용	100,000
멍청비용	실수로 인한 불필요한 지출	0
교통	대중교통비, 주유비 등	100,000
미용	미용실에서 쓰는 비용, 화장품비, 의류비 등	50,000
건강	병원비, 약국비 등	20,000
교육	강의 수강료 혹은 도서 구매비 등	50,000

3달간의 식비 사용액 총합, 카페 사용액 총합 등 금액을 정리하고 평균 금액을 내보면 내가 어떤 카테고리에서 얼마를 소비하는지, 나의 소비 스타일은 어떠한지를 명확히 파악할 수 있어요. 참고로 3달간의 결제 내역을 보는 이유는 가정의 달 5월이나 연말연초, 이사 등 특별히 지출이 많은 달이 포함되어 있을 수 있기 때문입니다. 이 과정을 통해 자연스럽게 내가 한 달에 얼마나 소비하는지 깨달을 수 있습니다. 후에 〈소비를 통제하는 새로운 방법〉에서 이 금액을 활용할 예정이니 잘 기억해둡시다!

신용카드 vs 체크카드

자신의 소비 스타일에 맞게 카드를 정리하다보면 아마 체크카드보다는 신용카드 혜택이 더 좋음을 발견할 거예요. 다만 신용카드는 연회비가 존재하며, 카드를 사용할 때마다 계좌에서 돈이 빠져나가는 것이 아니라 한 달에 한번 정해진 결제일에 카드 대금이 결제되기 때문에 소비 통제가 체크카드보다 어려울 수 있습니다. 또 연말정산 시 소득공제를 받으려면 신용카드보다는 체크카드가 더 효과적이라는 이야기도 들어봤을 텐데요. 정말 그럴지 하나씩 짚어보아요!

신용카드는 연회비가 부담스럽다?

신용카드에 연회비가 있긴 하지만 대부분의 신용카드는 연회비보다 더 큰 혜택을 제공하고 있습니다. 예를 들어 제가 현재 사용하고 있는 신용카드는(단종 예정이라 따로 소개하진 않겠습니다.) 연회비가 30,000원이지만 지금 이 글을 쓰고 있는 시점 기준으로 이번 달에만 47,224원의 청구할인 혜택을 받았으며 최근 1년간 약 36만 원의 청구할인 혜택을 받았습니다. 연회비보다 훨씬 많은 혜택을 누린 것이죠. 한 달에 지출하는 돈이 그리 많지 않음에도 불구하고 제가 혜택을 최대한으로 누릴 수 있었던 가장 큰 이유는 제 소비 스타일에 가장 적합한 카드를 선택하여 사용했기 때문입니다.

신용카드를 체크카드처럼 쓰는 법

신용카드와 체크카드의 가장 큰 차이점은 바로 결제방식입니다. 신용카드는 신용을 담보로 카드사에서 먼저 결제대금을 지불한 후 한 달치 결제대금을 모아 한 달에 한 번 정해진 날짜에 결제 대금을 나에게 청구합니다. 이와 달리 체크카드는 카드와 연결된 통장에 있는 돈으로 결제 즉시 결제 대금이 빠져나가죠. 체크카드와 달리 신용카드는 통장 내 잔고가 일정 기간 유지되기 때문에 내 돈을 쓰고 있다는 느낌이 잘 들지 않을 수 있습니다. 그래서 흔히 소비 통제가 어려운 사람들은 막연히 신용카드 사용에 대한 어려움을 느끼고 체크카드를 사용하기도 해요.

하지만 신용카드도 체크카드처럼 사용할 수 있는 특별한 방법이 있습니다. 바로 '결제대금 즉시결제' 서비스인데요, 카드사마다 조금씩 용어는 상이할 수 있지만 원리는 똑같습니다. 식당과 같은 가맹점에서 신용카드로 결제하면 보통 그 다음날 카드사로 매출전표가 넘어갑니다. 매출전표가 카드사로 넘어가면 신용카드 대금 결제일까지 기다릴 필요 없이 카드사 앱으로 바로 해당 매출 전표에 대한 대금 결제가 가능합니다.

매일매일 카드 대금을 결제하다보니, 통장 잔액을 확인하기 쉽고 체크카드와 비슷한 효과를 낼 수 있다는 장점이 있어요. 이 방법을 사용하면, 가계부를 작성할 때도 '신용카드는 결제일에 한번에 돈이 빠져나가는데 가계부에 어떻게 표시해야 하지?'와 같은 고민을 해결할 수 있습니다.

소득공제에 유리한 체크카드

연말정산 시 소득공제를 받으려면 신용카드보다는 체크카드가 더 효과적입니다. 체크카드는 사용액의 30%를 공제해주고, 신용카드는 사용액의 15%를 공제해주기 때문입니다. 그런데 모든 금액을 공제해주는 것이 아니라는 점! 1년 동안 사용한 금액의 합계가 총 급여액의 25%를 넘는 경우에 '초과분'에 대해서만 소득공제 대상이 됩니다.

예를 들어 총 급여액이 5000만 원인 경우엔 한 달에 약 104만 원 이
상 사용해야 그 초과분에 대해서만 소득공제가 된다는 것입니다. 애
초에 우리는 지출을 줄이고 돈을 모으려는 사람들인데, 소득공제를
노리고자 한 달에 월급의 ¼ 이상을 소비한다는 것은 앞뒤가 맞지 않
죠. 그래서 저는 소득공제는 크게 신경 쓰지 않고, 세금 혜택보다는
예산 내 소비하고 절약하는 것에 집중을 하고 있습니다.

자동이체까지
한번에 모아보자

사용하지 않는 카드들까지 정리를 마
쳤다면, 마지막으로 어카운트인포의 '내 자동이체 한눈에' 기능을 이
용하여 각 은행별, 카드별 자동이체(결제) 내역을 정리해봅시다. 한 달
에 고정적으로 지출하고 있는 금액을 미리 파악하기 위함입니다. '내
자동이체 한눈에' 메뉴 속 '계좌자동송금' 혹은 '카드자동납부' 메뉴
를 이용하면 오픈뱅킹 용도로 등록된 자동이체 외에 '주택청약저축'을
위한 자동이체, 혹은 각종 '보험료 납입'을 위한 자동이체들도 확인이
가능합니다. 어카운트인포에서 확인이 안 되는 결제 건의 경우, 각종
페이 서비스(네이버 페이, 카카오 페이 등)와 각 카드사 어플 내 카드결
제 내역을 통해 매달 정기적으로 결제되고 있는 내역이 있는지 확인
해요.

이외에도 각자의 스마트폰 기종에 따라 애플은 설정 → Apple ID → 구독 메뉴에서 정기결제 내역을 확인할 수 있고, 안드로이드는 플레이스토어 → 프로필 → 정기 결제 메뉴에서 확인이 가능합니다. 그럼에도 불구하고 혹시나 빠진 자동이체들은 없을까 걱정이 된다면 아래 자동이체 예시들을 확인해봅시다.

- 부모님 용돈
- 주택청약종합저축
- 연금저축
- 관리비(가스비, 수도비 등)
- 통신비(휴대폰 요금, 인터넷 요금, TV 수신료 등)
- 기부금
- 대출이자
- 각종 보험료(실비보험, 운전자보험 등)
- 데이트통장
- 렌탈료(정수기 등)
- 구독서비스(넷플릭스, 티빙, 왓챠, 디즈니플러스, 유튜브 프리미엄, 네이버멤버십, 쿠팡로켓와우, 우주패스 등)
- 클라우드 서비스(아이클라우드, 구글 드라이브, 드롭박스 등)

Q. 증권 계좌의 경우, 잔액이 실시간으로 변하는데 어떠한 기준으로 현재 잔고를 정리해야 할까요?

A. 증권 계좌의 경우 가계부를 작성하는 시점의 실시간 주가와 CMA Cash Management Account (고객이 맡긴 돈을 증권사가 단기 투자해 운용 수익을 고객에게 돌려주는 상품) 통장의 이자를 반영하여 잔액을 적을지, 혹은 주식 매수 원금을 기준으로 주가 변동을 반영하지 않은 상태의 잔액을 적을지 등등 여러 가지 기준이 있을 텐데요. 제 경우에는 '어카운트인포' 어플 내 '내계좌한눈에' 기능 이용 시 예수금+매수한 주식의 실시간 주가를 반영한 주식 금액이 함께 표시되기 때문에 예수금+주식 금액을 합해서 정리하고 있습니다. 가장 중요한 건 일관성 있게 가계부를 작성하는 거예요.

소비를 통제하는
새로운 방법

이번달 수입은 이 정도니까 이만큼 지출하고
남은 돈은 주식 투자를 해봐야겠다!

나만의 방법으로
통장 쪼개기를 하고

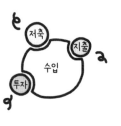

필요한 돈만큼
각 계좌에 이체해둬야지

먼지가 통장을 쪼개는 법

통장 쪼개기라 하면 보통 각 계좌의 용도에 맞추어 통장을 분리해 관리하는 것을 의미합니다. 예를 들어 월급이 들어오는 월급 통장과 공과금 내는 용도로 사용하는 고정비 통장, 자주 사용하는 신용카드나 체크카드와 연결된 생활비 통장, 결혼식이나 생일선물 지출 등을 위한 경조사비 통장, 마지막으로 갑작스레 목돈이 필요할 경우를 대비한 비상금 통장 등 4~5개의 통장을 만들어 돈을 관리하는 것이죠. 월급이 들어오자마자 월급 통장에 있는 돈을 고정비 통장, 생활비 통장, 경조사비 통장, 비상금 통장으로 옮기고, 남은 돈은 저축 통장에 보관하는 것이 보편적인 통장 쪼개기의 방법입니다.

그런데 저의 경우, 그렇게 했을 때 놓치는 부분들이 생겼습니다. 제가 가지고 있는 신용카드는 생활비 지출을 위한 카드이긴 하지만 관리비나 통신비와 같은 고정비를 지출하는 데 혜택이 있었고, 제가 가입한 적금은 무조건 특정 통장에서만 이체를 해야 우대 금리 혜택을 주었습니다. 이러한 예외 상황들을 고려하다보면 각 계좌의 용도에 맞추어 통장을 분리해 관리하려는 그 본질은 흐려진 채 마구잡이로 한 달 내내 필요할 때마다 계좌 간 이체를 해야 하는 상황이 생겼습니다.

통장 쪼개기를 하는 의미를 다시 생각해볼까요? 각 계좌의 용도에 맞추어 통장을 분리해 관리하려는 이유는 자신이 설정한 예산에 맞게 소비하는 데에 어려움이 있기에 설정한 예산 이상으로 더 이상 소비할 수 없게끔 스스로에게 강제성을 두기 위해서일 것입니다. 하지만 생각해보면 생활비 통장에 더 이상 잔고가 남아 있지 않더라도 소비를 하고자 하면 다른 계좌에서 돈을 끌어와 소비할 수 있습니다. 그렇기 때문에 저는 소비를 통제하기 위해서는 통장을 분리해 관리하는 것이 아니라 다른 해결책이 필요하다고 생각했습니다. 그리고 저는 그 해답을 '수입 흐름도'를 작성하면서 찾기 시작했습니다.

수입 흐름도를 작성한다고 통장 쪼개기가 필요 없다는 말은 아닙니다. 통장 잔액이 부족해 납입이 연체될 일이 없도록 통장에 일정 금액을 입금해두는 과정은 필요합니다. 수입 흐름도를 작성하면서 언제,

어느 통장에 얼마를 이체해두어야 할지를 정해야 합니다. 예를 들어 A통장에서 매달 10만 원씩 납입해야 하는 지출이 있다면 납입일 전에 미리 월급통장에서 A통장으로 10만 원을 이체해 두어야 할 테고, B통장에 연결된 신용카드로 주로 생활비를 지출한다면 한 달 생활비만큼을 미리 B통장에 이체해두어야 할 것입니다.

수입 흐름도란?

한 달의 수입·지출·저축·투자를 미리 계획해야 하는 이유에 대해서는 다들 잘 알 것입니다. 수입이 들어오는 대로 마냥 월급통장에 보관만 해두고, 그때그때 필요할 때마다 월급통장에서 꺼내 쓰며 소비하다보면 어느새 잔고는 0원! 목표했던 금액만큼 돈을 모으기는커녕, 돈의 흐름을 주도하지 못하고 끌려다니게 됩니다. 이 글을 차근차근 읽어보면서 수입·지출·저축·투자를 한번에 파악할 수 있는 수입 흐름도를 작성하는 구체적인 방법에 대해 알아보도록 해요.

'선저축 후지출'이라는 말 많이 들어보셨나요? 저는 이 방식을 응용하여 수입 흐름도를 작성했습니다. 가계부 시작일이 되면 이번 달에 들어올 수입을 토대로 어떤 카테고리에 얼마나 쓸지를 미리 정리하고, 남은 돈을 가지고 목표에 따라 저축과 투자에 대한 계획을 세웁니다. 월급을 저축과 지출로만 나누어 관리하는 것이 아니라 수입·지출·저축·투자의 4가지로 세분화해서 계획한다는 점에서 차이가 있습니다.

통제할 수 없는 지출을 알아보자

수입 흐름도를 작성할 때 가장 먼저 해야 할 일은 매달 정기적으로 결제되는 고정 지출을 정리하는 것입니다. 모든 지출은 내가 통제할 수 있는 지출과 통제할 수 없는 지출로 나뉩니다. 여기에서 통제할 수 있는 지출이란, 그 소비 자체가 불필요하다는 생각이 든다면 과감히 포기할 수 있는 소비를 의미합니다. 예를 들이 매달 10민 원씩 납입하는 주택청약종합저축 혹은 정기적으로 갚아야 하는 전세대출이자가 있다고 생각해볼게요. 주택청약종합저축의 납입 최소 금액은 2만 원이기에 10만 원에서 2만 원으로 줄이고자 마음먹으면 줄일 수 있습니다. 전세대출이자 역시 더 저렴한 보증금의 집으로 이사를 가거나 월셋집으로 이사를 간다면 줄일 수 있는 돈이지만, 그렇다고 해서 통제할 수 있는 지출로 생각하면 안 됩니다. 우리가 미용을 목적으로 매달 받는 네일아트 혹은 계절이 바뀔 때마다 쇼핑하는 의류의 경우 마음만 먹으면 굳이 소비하지 않아도 되는 항목이죠. 이번 달에는 네일아트를 건너뛴다고 해서, 혹은 이번 계절에는 옷 쇼핑을 하지 않는다고 해서 당장 생활에 지장이 가는 것은 아니니까요. 이러한 항목은 통제할 수 있는 지출이라고 봅니다.

대부분의 고정 지출은 여러 방법을 통해 그 금액을 줄일 수는 있겠지만 아예 없애는 것은 불가능합니다. 즉 고정 지출은 통제가 불가능한 지출이라고 생각하셔야 합니다. 이러한 관점에서 우리가 지금 매달 정기적으로 납입하고 있는 고정 지출을 생각해볼까요? 그리고 단순히 금액을 나열해보는 것이 아니라 각 금액이 결제되는 계좌와 결제일을 함께 정리해보겠습니다.

FIXED EXPENSES 고정 지출 모아보기

고정지출   1,060,450

내용	금액	결제일	결제계좌
관리비	100,000	25일	토스뱅크
보험료	50,000	25일	우리은행
기부금	50,000	25일	토스뱅크
주택청약	100,000	26일	우리은행
전세대출이자	500,000	26일	카카오뱅크
통신비	50,000	27일	우리은행
데이트 비용	200,000	27일	우리은행
유튜브 프리미엄	10,450	11일	토스뱅크

정리하다보면 분명 당장 포기하더라도 생활에 지장이 가지 않는 지출이 눈에 보일 거예요. 이러한 항목은 과감히 청산해봅니다. 그리고 어떤 항목은 계좌에서 직접 납입하는 것이 아니라 보유하고 있는 신용카드로 결제하는 것이 유리하다는 것을 알게 됩니다. 지금 각 지출과 연결되어 있는 결제수단이 정말 최선인지 다시 한번 생각해봅시다.

통제할 수 있는 지출을 알아보자

통제할 수 없는 지출인 고정 지출에 대해서 파악했으니, 이번엔 통제할 수 있는 지출인 생활비 지출에 대해서 생각해보겠습니다. 생활비 카테고리 중에서도 통제하기 어려운 카테고리보다 통제하기 쉬운 카테고리부터 관리하는 것을 추천해요. '이번 달엔 가스를 좀 적게 써서 관리비를 줄여야지'라는 다짐은 이루기 어렵지만 '이번 달엔 쇼핑을 좀 줄여서 의류비를 아껴야지'라는 다짐은 상대적으로 이루기 쉽습니다. 이 책을 앞에서부터 차근차근 읽었다면, 앞서 〈내 돈의 흐름은 내가 주도한다〉라는 글에서 자신의 소비 스타일에 맞게 관리하기 편한 방향의 지출 카테고리를 정리했을 것이고, 더 나아가 최근 3달간의 지출 내역을 뽑아보면서 자신의 한 달 생활비에 대해서 대략적으로 파악했을 것입니다. 이것들을 바탕으로 이번 달엔 어느 정도의 금액을 생활비로 지출할지 예산을 짜봅시다.

저축과 투자 모아 보기

그 다음으로는 정기적으로 납입하고 있는 적금 상품이나 주식 투자 등을 정리해볼까요? 매달 혹은 매주 납입하고 있는 적금 상품이 있다면 한 달에 어느 정도의 금액을 납입해야 하는지 기록해보고, 적립식으로 매수하고 있는 주식 종목이 있다면 이번 달 해당 주식 매수 비용을 계산해봅니다.

가계부를 작성할 때에는 내가 어떠한 이유로 해당 상품에 저축 혹은 투자를 하고 있는지 눈으로 확인하기 위해 저축성 상품의 경우에는 금리를, 투자성 상품의 경우에는 종목 구분도 함께 적어봅니다.

SAVING 저축 모아보기

저축	400,000	
금리	내용	금액
4%	적금 1	200,000
5.1%	적금 2	200,000

INVESTMENT 투자 모아보기

투자	589,550	
구분	종목명	금액
IT	ㅇㅇ전자	60,000
IT	ㅇㅇ아이티	140,000
반도체	ㅇㅇ반도체	389,550

여기까지 작성했다면, 수입 흐름도에 작성해야 할 수입·지출·저축·투자 중 지출·저축·투자에 대한 내용이 어느 정도 확정이 되었을 것입니다. 이제 이번 달 수입 대비해 앞서 계획해둔 지출·저축·투자 내역들을 정리해보고 수입에 여유가 있어 약간의 여윳돈이 생겼다면 해당 여윳돈은 저축을 할지, 투자를 할지 그 사용처를 계획해보면 좋겠습니다.

각 내역들을 작성할 때는 단순히 내용과 금액만 적는 것이 아니라 어느 계좌와 연결되어 지출되는 금액인지, 그리고 납입일과 거래일까지 한번에 작성하는 것이 중요해요. 그래야 각 필요에 맞게 통장에 일정 금액을 입금해둘 수 있으니까요. 가계부 시작일에 수입·지출·저축·투자 계획을 완성하고 나면 내 돈의 흐름이 한눈에 보이는 것을 느낄 수 있을 거예요!

INCOME FLOW 수입 흐름도

수입 2,550,000

구분	내용	금액
	월급	2,000,000
	성과급	500,000
	애드포스트	50,000

지출 1,560,450

구분	내용	금액
	관리비	100,000
	보험료	50,000
	기부금	50,000
	주택청약	100,000
	전세대출이자	500,000
	통신비	50,000
	데이트 비용	200,000
	유튜브 프리미엄	10,450
	생활비(용돈)	500,000

저축 400,000

구분	내용	금액	납입일
	적금 1	200,000	1일
	적금 2	200,000	26일

투자 589,550

구분	종목명	금액	거래일
	ㅇㅇ전자	60,000	1일
	ㅇㅇ아이티	140,000	1일
	ㅇㅇ인도체	389,550	1일

SAVING 저축 모아보기

저축 400,000

BANK ACCOUNT 통장 쪼개기

통장	금액	용도
토스뱅크	1,060,450	생활비
우리은행	400,000	월급
카카오뱅크	500,000	전세대출
한국투자증권	589,550	국내/해외주식

Q. 신용카드, 체크카드 결제일은 어느 날짜로 설정하는 것이 가장 효과적일까요?

A. 각자 저마다의 방법이 있겠지만, 저의 경우 한 달 가계부 시작일을 20일로 설정해두고 있어서 고정 지출이나 카드 결제일 등은 가계부 시작일 직후인 21~25일로 지정하고 있습니다. 매달 가계부 시작일에 통장 쪼개기를 하며 급여 계좌로부터 각 고정지출, 카드와 연결되어 있는 계좌로 돈을 이체시키는데요, 혹시나 계

좌에 잔액이 부족하여 연체되는 일이 발생하지 않도록 결제일을 한 달 가계부 시

작일로부터 살짝 여유 있게 지정해두는 편이에요.

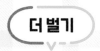

더 벌기

짠테크가 보여준
작은 가능성

티끌 모아 티끌, 한두 푼 모은다고 삶이 크게 달라지지 않는다고들 말하지만

월급으로 돈을 버는 것뿐만 아니라   열심히 짠테크하며 번 돈으로

그동안 모인 포인트로   얼마나 행복한지
아껴가며 소비하면   아는 사람만 안다

어느새 한 푼 두 푼 소중하게 소비하는 습관이 만들어진다

흔히들 가계부를 작성한다고 하면, 매일매일의 지출을 기록하는 것을 생각하셨을거예요. 마치 매일 쓰는 일기처럼 말이죠. 물론 돈을 아껴 쓰기 위해서는, 더 나아가 돈을 아껴 매달 돈을 모으기 위해서는 내가 매일 얼마만큼의 돈을 쓰고 있는지 아는 것도 중요하지만, 일기 쓰듯 지출 내역만 작성하다보면 어느날 마음속의 불편함이 커지는 것을 느끼게 됩니다.

돈을 모으기 위해서는 지출은 줄여야 하는 행동이라는 인식이 있기 때문에 마치 내가 오늘 하루 잘못한 일에 대한 반성문을 매일같이 적는 기분이 들 수도 있을 거예요. 지출이 많았던 날에는 오늘은 왜 이렇게 많은 돈을 썼을까 자책하게 되고, 지출 기록만으로는 돈이 모이는 것을 확인하기 어려우니 가계부 작성을 오래 지속하기 힘들어집니다.

그래서 이 시점에서 저만의 특별한 가계부 작성법을 하나 더 소개하려고 합니다. 바로 매일의 지출 내역뿐만 아니라 매일의 수입 내역도 함께 작성해보는 것입니다. 돈의 흐름은 수입 영역에서부터 시작되기 때문에, 수입 영역을 확실히 관리하는 것이 꾸준한 돈 관리에 큰 도움이 됩니다.

INCOME 수입 기록

수입　77,500

구분	날짜	내용	금액
○	11/1	키보드 중고거래	65,000
○	11/2	○○주식 배당금	500
○	11/3	애드포스트	6,000
○	11/5	알뜰교통 캐시백	6,000

보통 수입이라 하면, 가장 먼저 월급을 떠올릴 거예요. 하지만 생각해보면 정기적으로 들어오는 월급뿐만 아니라 성과급, 금융소득, 사이드잡으로 인한 부수입 혹은 중고거래나 짠테크를 통해 얻은 부수입 등도 나의 수입이 될 수 있어요.

짠테크의 힘

짠테크는 소비를 줄이고 1~10원의 소소한 돈을 모아 저축을 늘리는 재테크 방법입니다. 짠테크를 하다보면 '구질구질하게 그거 한두 푼 모은다고 삶이 얼마나 달라져?'라는 이야기를 들을 때가 많은데요, 저도 처음엔 그렇게 생각했어요. 하지만 돌이켜 생각해보면 제가 지금까지 지치지 않고 돈을 모을 수 있었던 데에는 짠테크의 힘이 컸습니다.

처음엔 각종 출석체크 이벤트에 참여하는 일명 '앱테크'로 짠테크를 시작했습니다. 예를 들어 마트 앱에서 출석체크 이벤트에 참여하면 마트에서 사용 가능한 포인트를 매일 10포인트씩 받을 수 있었습니다. 그렇게 한 푼, 두 푼 포인트를 모아 장을 보면서 실지출을 줄일 수 있었고, 그러다보니 어느 순간 이런 마음이 생기더라구요.

'이 물건은 포인트 모아 사려면 한 달이나 걸리는데, 지금 꼭 필요한 물건일까?'

카드사 앱에서 매일 퀴즈 이벤트에 참여하면 랜덤으로 몇 십 원의 포인트를 얻을 수 있었는데, 이 포인트를 모아 커피 한 잔 사서 마시는 것 역시 저에게는 소소한 행복이었습니다. 모은 포인트가 없을 때엔 중고거래 앱을 통해 다른 사람이 판매하고 있는 기프티콘과 같은 모바일 교환권을 시중 판매가보다 저렴하게 구매해 커피를 사 마시기도 하구요! 매일 게임하듯 이벤트들에 참여하며 주방세제와 같은 생필품 구입 비용을 아끼거나 포인트를 현금화하여 소소한 부수입을 만드는 등 즐기며 짠테크를 해나갔습니다.

그렇게 저는 꼭 필요한 소비만 하는 습관을 자연스레 길렀고, 한 푼 두 푼 모아 부자가 되려는 목적보다는 한 푼 두 푼 소중히 여기며 소비하려는 마음으로 짠테크를 하고 있습니다. 그리고 이러한 마음가짐은 제가 추후에 수입을 늘리는 데 있어서도 아주 중요한 역할을 했어요.

사이드잡을 시작하다

짠테크를 하며 많게는 한 달에 몇 만 원씩 부수입을 늘려갔습니다. 앞서 이야기한 앱테크를 하기도 하고, 집 안에 불필요한 물건들을 중고거래장터에 팔아 부수입을 만들기도 했어요. 짠테크로 몇 원, 몇 백 원의 가능성을 보기 시작하니 거창한 사업이 아니더라도 소소하게 돈을 벌 수 있는 방법이 많다는 것을 깨달았고 또 다른 방향의 부수입을 만들어보고 싶은 생각이 들었습니다.

그때부터 짠테크처럼 몇 원, 몇 백 원만 벌 수 있어도 괜찮으니 무자본으로 시작할 수 있는 사이드잡을 찾아보았습니다. 짠테크를 할 때처럼 몇 백 원, 몇 천 원 수준의 부수입을 만드는 것을 목표로요. 다행히 오랜 시간이 걸리지 않아 어렸을 때부터 문구류를 좋아하던 제 취향과 잘 어울리는 사이드잡을 발견했습니다.

태블릿 PC의 노트앱(굿노트, 삼성노트, 노트쉘프 등)에서 사용할 수 있는 디지털 문구를 만드는 일이었는데(이 책에서 그 사이드잡에 대해 자세히 소개하진 않겠습니다), 디지털 파일을 제작하고 메일이나 별도 플랫폼을 통해 고객에게 전달하면 되었습니다. 제품을 제작하는 비용도 0

원, 제품을 배송하는 비용도 0원으로 오직 저의 노동력만 투입하면 되는 사이드잡이었기 때문에 플랫폼 판매 수수료를 제외한 매출이 온전히 저의 수입이 되었고 첫 달에 약 8,000원의 부수입을 벌 수 있었습니다.

만약 제가 '월 천만 원', '연 1억'과 같은 거창한 꿈을 꾸었다면 이 8,000원이라는 금액이 너무나도 작게 느껴져서 금방 포기했을 텐데, 저는 당시에 짠테크로 버는 10원, 20원에 너무나도 큰 행복을 느끼고 있었기에 첫 달 매출 8,000원은 큰돈으로 다가왔어요. 8,000원은 제가 수십 개의 앱테크를 해야만 벌 수 있는 돈이었거든요. 이렇게 저는 월급 외에도 제가 조금만 노력하면 부수입을 만들 수 있다는 희망을 보았고, 이는 제가 사이드잡을 지금까지 꾸준히 지속할 수 있는 든든한 힘이 되어주었습니다.

이 모든 것을 지속할 수 있었던 이유는 제가 계속 강조하고 있는 '가시화' 덕분이었습니다. 저는 매일 가계부를 작성할 때 지출 내역뿐만 아니라 10원, 20원씩 모이는 부수입들도 빠짐없이 기록했습니다. 스마트폰에서 앱을 사용하다가 나도 모르게 광고 이벤트를 클릭하여 받은 포인트나, 예적금 이자와 같은 금액들까지 말이에요! 적은 금액일 수 있으나 가계부에 적어 가며 한 줄 한 줄 채워지는 것을 보니 성취감이 느껴졌고, 월급이라는 뼈대에 이런저런 수입들을 모아 살을 붙이니 지금은 비바람이 불어도 끄떡없는 탄탄한 뼈대가 완성되었습니다.

Q. 월급이 일정하지 않은 프리랜서의 경우 가계부에 수입을 어떻게 작성하고 돈 관리를 하면 좋을까요?

A. 월급이 일정하지 않은 프리랜서라면, 최근 1년간의 수입을 기준으로 한 달 평균 수입액을 산정한 후에 지출, 저축, 투자액을 계산해보시는 것을 추천합니다. 그리고 산정했던 한 달 평균 수입액보다 많이 들어온 수입은 모두 저축 및 투자에 활용하신다면 월급이 일정하지 않더라도 일정하게 관리하는 습관을 기르실 수 있을 것 같아요.

무지출 챌린지의
함정

하루종일 한 푼도 쓰지 않는 것을 의미하는 '무지출'
그리고 그것을 매일같이 이어나가는 '무지출 챌린지'

DAY 1   DAY 2   DAY 3   DAY 4

무지출!   무지출!   무지출!   20만 원…?

쓸 땐 쓰고 아낄 땐 아끼는
똑똑한 소비가 필요한데…

사고 싶은 책이 있는데…

정작 중요한 걸
놓치고 있는 건 아닐까?

듣고 싶은 강의가 있는데…

앞에서 지출 기록을 작성하는 것이 어떨 때는 반성문처럼 느껴질 때가 있다고 말씀드렸었죠? 대부분의 사람들이 '이번 달은 진짜 아껴 써야지'라고 생각할 때엔 소비를 전혀 하지 않는 극단적인 절약을 떠올리지만, 저는 쓸 땐 쓰더라도 조금씩 아껴서 소비하는 '똑똑한 소비'를 추구합니다.

물가가 많이 오르고 경제상황이 안 좋아지며, 한동안 '무지출'이 핫한 키워드였습니다. 무지출을 꾸준히 실천하고자 하루 종일 돈을 한 푼도 쓰지 않는 소비 형태를 매일같이 이어가는 무지출 챌린지가 유행했고, 급기야 우리나라의 무지출 챌린지가 해외 채널에 소개되기도 했던 것이 기억납니다. 저 역시 돈을 모아야겠다고 생각한 뒤로 가장 먼저 한 일이 지출 줄이기였기에 무지출 챌린지의 취지가 어느 정도

공감이 되었습니다. 다소 극단적일 수 있지만 목표한 금액을 모으기 위해 아예 지출을 하지 않으려는 그 마음 말이에요. 그래서 한때는 저도 무지출 챌린지를 해본 적이 있습니다.

무지출을 한 날에는 '오늘 하루 잘 절약했다'라는 생각이 들었고, 가계부에 적어야 할 지출 내역이 없으니 뿌듯했습니다. 그러나 무지출 여부만 중요하게 생각하다보니 생필품 구매 등 어쩔 수 없는 소비를 했을 때에도 무언가 크게 잘못한 것 같고, 나의 잘못을 가계부에 적어야 한다는 생각에 점점 소비에 대한 거부감이 들기 시작했습니다. 사치와 같은 불필요한 소비와 자기계발과 같이 꼭 필요한 소비를 분리하여 생각했어야 했는데, 사고 싶은 책이 있거나 듣고 싶은 강의가 있을 때에도 오늘 하루 무지출을 달성하기 위해 소비를 주저했습니다. 써야 할 곳과 쓰지 말아야 할 곳을 판단하여 현명한 소비를 하지 못했습니다. 정작 중요한 건 놓친 채 무작정 소비를 꺼리는 제 모습이 보였고 점점 저의 무지출 챌린지는 형식적인 것으로 변하고 있었습니다.

밤 11시 50분에 갑자기 생필품이 필요했던 게 생각나 결제를 하려다가도, 오늘 하루 무지출했던 것이 아까워 10분 더 기다렸다가 다음 날이 되자마자 지출했습니다. 어제 주문하든 오늘 주문하든 어차피 결과적으로 소비하는 금액은 똑같은데 무지출 '일수'에만 집착한 것이죠. 한동안 무지출 일수를 이어가며 소비를 잘 참고 있다가 갑자기 몇 십만 원짜리 큰 소비를 한 뒤엔 왠지 모를 허탈함이 들기도 했지만 한편으로는 '그래도 나 그동안 절약 잘해왔으니까 괜찮아!'라며 자기 합리화를 했습니다. 그래봤자 무지출 일수는 '-1'이니까요. 지출 금액이 아닌 무지출 일수에 초점을 두다보니 오히려 전체 지출 금액은 늘어나고만 있었습니다. 분명 열심히 절약하고 있다고 생각했는데, 돈이 모이지 않으니 금방 싫증이 났고, 저의 무지출 챌린지는 그리 오래가지 못한 채 막을 내렸습니다.

그 뒤로 저는 무지출 일수에만 집착하는 잘못된 절약을 추구하기보다 쓸 땐 쓰더라도 조금이라도 현명하게 소비하는 방향은 무엇일지 고민하기 시작했습니다. 재테크는 하루이틀만에 끝나는 것이 아니기에 길게 호흡하며 돈이 모이는 그 과정을 즐길 수 있어야 한다고 생각했거든요. 그 결과, 이런저런 시행착오를 겪으며 저만의 소비 공식이 생겼습니다! 그 내용은 다음 글에서 자세히 소개해볼게요.

- -

Q. 일주일간의 지출액이 예산을 벗어난 경우에는 어떠한 전략을 취해야 할까요?

A. 저는 제가 제일 잘 아낄 수 있는 카테고리(예: 의류, 화장품 등)에서의 소비를 최소화하고 있어요. 사고 싶은 물건이 있어도 이미 예산을 많이 초과한 상태이니 다음 달로 미루고요. 각자의 소비 패턴에 맞추어 가장 먼저 줄일 수 있는 카테고리

를 하나 정해보고, 다음 일주일간은 이 카테고리에서의 소비를 확 줄여보시는 것

은 어떨까요?

우리의 절약은
계속되어야 한다

사랑하는 사람들과 하루하루 행복하게 지내면서도 돈을 모을 수 있다

애들아 우리
캠핑 가자!

그러니 절약과 행복을 맞바꾸지 말자

재테크를 하면서 자취나 연애를 하면 돈을 모으기가 힘들다는 말을 많이 합니다. 저 역시 자취와 연애 둘 다 하는 사람으로서 고민이 많았는데요, 지금부터 제가 실생활에서 잘 사용하고 있는 저만의 소비 공식들을 소개해볼게요.

식비 아끼는 법

우리가 일상생활을 하며 소비를 안 할 래야 안 할 수 없는 분야인 식비! '자취생이라 식비가 너무 많이 드는데 어떻게 줄여요?'라는 질문을 정말 많이 듣는데요, 아마도 가장 모범적인 답안은 '집에서 직접 식재료 사서 만들어드세요'겠죠? 하지만 퇴근하고 집에 오면 씻고 쉬기 바쁜 우리에게 직접 식재료를 사서 저녁을 만들어 먹는 일이 얼마나 힘든 것인지를 알기에, 저는 친구들과의 만남을 포함한 외식을 무조건 줄이는 것이 아니라 쓸 땐 쓰더라도 조금이라도 아껴서 소비하는 방향으로 식비를 절약하고 있습니다.

case 1

퇴근하고 집 근처에 도착히면 저녁 7시쯤, 밥을 먹고 집에 들어갈까 하다가 마트에 들러 장을 본다. 오늘의 요리는 된장찌개. 된장찌개에 야채는 많으면 많을수록 좋으니 이런 저런 야채를 담아본다. '양파', '감자', '돼지고기', '청양고추', '두부'. 나름 필요한 재료들만 담았다고 생각했는데 계산대에 가보니 만 원이 훌쩍 넘는다. '이상하다…? 돈 아끼려고 직접 해 먹는 건데…?' 일단 담아두었으니 어쩔 수 없이 계산을 하고 집에 간다.

식재료를 손질하고 오늘의 메인요리를 만들었더니 시간은 저녁 8시 30분. 분명 간단한 요리를 하려고 식재료도 최소한으로 샀는데 시간이 이렇게 흘렀다. 저녁을 먹고 설거지한 후 씻고 나오니 저녁 10시. 무언가 다른 일을 하기 애매한 시간이라 침대에 누워 조금 쉬다 스르르 잠이 든다. 이렇게 하루가 끝난다. 다음 날 이런 생각이 든다.

'돈을 아낀 것 같지도 않고 시간만 보냈네….'

solution 1

바깥음식 가격이 부담스러워 집밥을 먹고 싶을 때 제가 가장 애용하는 방법은 밀키트와 같은 간편식을 활용하는 거예요. 1인가구는 식재료를 잔뜩 사두면 결국 남아서 버리는 경우도 많고, 식재료를 각각 사서 손질하는 것보다 시간과 비용이 덜 들어가기 때문에 상대적으로 저렴한 가격으로 풍부한 재료의 식사를 할 수 있다는 것이 장점이에요!

case 2

오늘은 친구들과 모처럼 약속이 있는 날이다. 우리 집에 친구들이 놀러오기로 해서 지난번과 같은 실수를 하지 않기 위해 이번에는 몸 편하게 배달을 시켜 먹기로 했다.

오늘의 메뉴는 치킨과 피자. 곁들여 먹을 맥주도 괜히 준비해본다. 오랜만에 만난 친구들과 이런저런 근황 이야기도 하고 맛있게 밥을 먹은 뒤 오늘 얼마나 썼는지 정산을 해본다. 총 12만 원으로 각자 3만 원씩을 총무에게 보낸다. 친구들이 돌아간 뒤 나는 생각에 잠긴다.

'친구들을 만나면 역시 돈이 많이 드네, 앞으로 약속을 줄여야 하나…'

solution 2

조금이라도 저렴한 가격에 바깥 음식을 먹을 수 있는 가장 간단한 방법은 배달 대신 포장 주문을 하는 것입니다. 귀찮음을 감수하고 조금만 움직이면 쉽게 몇 천 원씩 아낄 수 있어요. 특히 배달 어플 내에서 포장 주문 시 할인 쿠폰을 다운로드 받아 적용할 수 있는 음식점들도 가끔 있어요. 어플 자체에서 포인트를 모아 사용할 수 있는 경우도 있으니 귀찮더라도 꼭 활용해봅시다.

case 3

오늘은 남자친구와의 기념일이다. 요즘 유행하는 비싼 프랜차이즈 음식점을 찾아봤는데, 인당 15만원이나 한다. 그래도 오늘은 특별한 날인 만큼 오랜만에 근사한 밥을 먹기로 했다.

역시 비싼 밥을 먹으니 맛있긴 맛있다! 하나하나 메뉴를 설명해주시니 괜히 대접받는 기분도 든다. 이대로 집에 가긴 아쉬워 와인바에 가서 2차로 간단한 나초 안주와 함께 와인을 마시며 또 시간을 보낸다. 그런데 문득 드는 생각, '나초 이거 마트에서 사 먹으면 반의 반 가격도 안 하는데…' 그래도 괜찮다. 오늘은 기념일이니까 이 정도 돈은 쓸 수 있다. 집에 돌아와 오늘 쓴 돈을 확인해본다. 총 40만 원…. 우리가 매달 데이트 통장에 넣는 돈이 50만 원인데, 거의 한 달치 데이트 비용을 하루만에 써버렸다.

solution 3

식비를 아끼는 마지막 방법! 기프티콘이나 지역화폐를 이용하는 방법입니다. 프랜차이즈 음식점이라면 기프티콘 결제를 적극 활용하고 기프티콘 제도를 운영하지 않는 음식점이라면 지역화폐를 이용하여 결제합니다. 기프티콘을 사고 팔 수 있는 어플에서 기프티콘을 평균적으로 10% 내외로 할인받아 구매할 수 있어요. 현금영수증 처리도 되니 소득공제도 되고, 돈도 아끼는 일석이조의 효과를 볼 수 있어요. 그리고 배달 주문 앱인 '땡겨요' 어플을 사용하면 배달 어플에서 주문할 때에도 배달 전용 지역화폐로 결제하여 할인이 가능합니다!

지역화폐의 경우 서울, 인천, 수원 등 각 지역별로 지역화폐가 있고 서울 내에서는 자치구별로 지역화폐가 따로 있기도 합니다. 서울 내 전 지역에서 사용할 수 있는 서울사랑상품권의 경우 7% 할인된 가격으로 구매할 수 있으며, 인천e음이나 수원페이 등의 각 자치구별 지역화폐는 10% 할인된 가격으로 구매할 수 있기에 이 돈만 아껴도 쏠쏠하게 식비를 절약할 수 있어요.

이 방식들을 활용하면 맛있는 식사도 하고 외식도 하면서 조금씩 절약도 할 수 있어요. 평소대로라면 5만 원 나왔을 식비가, 이런저런 할인을 통해 4만 원으로 줄어드는 그 쾌감을 같이 느낄 수 있었으면 좋겠습니다. 그리고 이렇게 아껴가며 소비하는 데 있어 가장 유념해야 할 것은 주객이 전도되면 안 된다는 것입니다.

예를 들어 편의점 20% 할인쿠폰이 생겼다고 계획에도 없던 편의점 털이를 하면 안 되겠죠! 마침 편의점에서 구매해야 할 물품이 있었는데 20% 할인쿠폰까지 생겼다면 감사한 일이고, 굳이 구매해야 할 물품이 없었다면 과감히 할인쿠폰은 기억에서 지우는 게 건강한 소비입니다.

EXPENSE 지출 기록

지출

구분	날짜	내용	실 지출 금액	할인받은 금액/방법	지출 수단
○	11/1	○○○카페	5,000		국민/신용
◑		햄버거	5,000	500/포인트	네이버페이
○	11/2	○○생일선물	30,000		국민/신용
○	11/4	택시	12,000		국민/신용
●	11/5	대중교통	60,000		신한/체크
◕	11/6	다이소	6,000		국민/신용
◔		떡볶이	13,020	980/지역화폐	지역화폐
◑		세탁세제	3,000		국민/신용
◔	11/7	칫솔	3,000		국민/신용
◔		마트 장 보기	52,000	1,500/포인트	국민/신용

꼭 식비가 아니더라도 일상생활에서 소비를 할 때에도 기프티콘을 이용하거나 지역화폐를 이용하면서 소비 통제를 해보면 좋겠습니다. 각종 이벤트 혜택들을 찾아보면 예상 외로 할인받을 수 있는 기회들이 많이 있습니다. 우리의 소비가 스트레스 받으면서 하는 소비가 아

니라, 때로는 돈을 벌기도 하는 즐거운 소비가 되었으면 좋겠어요!

연애는 사치일까?

우리가 지출을 많이 할 수밖에 없는 특별한 이유, '연애'에 대한 이야기를 해보겠습니다. 특히나 나는 돈을 모으고자 하는 의지가 가득한데, 상대방은 그 의지가 없을 때면 더더욱 조율하기 힘든 상황을 마주하게 됩니다. 주말에 만나 점심 식사를 하고, 카페에서 대화하다가 영화를 보고 저녁을 먹는 데이트 코스라면 데이트 비용이 10만 원은 훌쩍 넘어갑니다. 그렇다면 돈을 모을 때 연애는 사치일까요? 저의 경우엔 오히려 돈을 모으고 재테크에 눈을 뜨는 데 있어 연애가 아주 중요한 역할을 했습니다.

남자친구와 제가 처음 만났을 당시, 저는 꾸역꾸역 적금만 들고 있던 상태였습니다. 과도한 적금으로 인해 월급이 들어오자마자 통장 잔고가 마이너스가 되던, 전혀 돈 관리를 못하고 있던 사람이었어요. 게다가 직장생활을 하며 스트레스를 받을 때면 스트레스를 소비로 풀었을 정도로 소비요정이자 재테크에 관심이 없었습니다.

남자친구의 경우, 저와 달리 소비욕과 물욕은 없어 딱히 일상생활에서 큰돈을 쓰진 않았지만 적극적으로 주식투자를 하던 사람이었어요. 서로의 월급과 재정상태를 모두 오픈하긴 했지만 그 외에 따로 경제관념이나 재테크에 대해 이야기를 하진 않았었습니다. 하지만 연애

기간이 길어질수록 돈을 모아서 함께 살 집을 마련하고 싶다는 생각이 커져갔고, 그 뒤로 조금씩 경제 공부를 시작하며 재테크를 시작했어요.

소비요정이고 돈을 전혀 못 모으던 제가 가계부를 쓰며 돈의 흐름에 있어 주도권을 잡고, 짠테크를 실천하며 열심히 소비를 줄여갔습니다. 이러한 모습은 남자친구에게도 좋은 자극이 되있고, 함께 재테크 공부를 하며 서로 공부한 지식을 나눠주는 건강한 관계로 발전할 수 있었습니다. 그렇기 때문에 연애가 돈을 모으는 데 있어 마냥 나쁘지만은 않다는 것을 이야기하고 싶어요. 그렇다면 재테크에 전혀 관심 없는 이성친구와 만나고 있다면, 돈 이야기를 어떻게 풀어나가면 좋을까요?

임장 데이트를 해보자

가볍게 임장 데이트부터 실천하면 어떨까 추천하고 싶어요. 임장이란 집(부동산)을 보러 다니는 것을 의미하는데요, 꼭 공인중개사 사무소에 방문하지 않더라도 가능합니다. 보통 데이트를 할 때엔 중간 지점이나 서로의 집 근처에서 만나다보니 데이트코스가 비슷비슷해질 수 있는데, 새로운 동네에서 데이트도 하면서 부동산 공부도 하는 이색 데이트가 가능합니다.

임장 데이트를 할 때엔, 단순히 동네를 걸어다니며 구경하는 것보다는 근처에 어떤 인프라(대형마트, 대중교통 등)가 있는지, 각 아파트 단지의 가격대는 어느 정도인지 등 데이트와 더불어 '부동산 공부'에 초점을 맞추면 더욱 좋습니다. 그리고 이왕이면 현재 우리 커플의 상황에서 매수(집을 구매하는 것)가 가능한 집을 구경 다니면 좋아요.

우리가 각자 가지고 있는 현재 자산은 어느 정도인지, 우리의 연봉은 어느 정도 되는지 솔직하게 털어놓고 이야기하며 자연스레 재테크와 관련된 대화를 해볼 수 있고, 입지나 가격 등 미래에 집을 구할 때 서로가 어떤 것을 중요시 여기는지 이야기하며 의견을 맞춰나감으로써 미래를 생각한 깊은 대화가 가능하기 때문입니다.

그리고 돈을 모으는 우리의 입장에서, 임장 데이트의 가장 좋은 점은 데이트 비용이 거의 들지 않는다는 것입니다! 특별히 돈이 많이 드는 활동을 하지 않더라도 함께 오랜 시간을 보낼 수 있고, 임장 후에는 근처 카페에 가서 임장 후기에 대해 이야기를 나눈다거나 근처 맛집에 가서 맛있는 식사를 하면 일석이조랍니다!

데이트 통장, 약일까 독일까?

돈실먼지 계정을 운영하면서 팔로워 분들께 돈 모으며 연애하는 데 있어 어려운 점에 대해 질문을 받아 답변했던 적이 있습니다. 저 혼자만 답변을 하면 한쪽 입장에 치우친 답변을 할 수도 있기에, 남자친구와 함께 질문을 읽으며 답변을 하는 라이브 방송을 진행했었어요. 놀랍게도 모든 고민에 대한 해결책은 데이트 통장이었습니다. 그래서 데이트 통장 사용에 대한 이야기를 조금 해보려 합니다.

데이트를 할 때 비용을 지불하는 방법은 다양합니다. 한 명이 식사를 대접하면 한 명은 커피를 산다거나, 10원 단위까지 반반 나눠서 내거나, 혹은 한 명이 전부 다 사거나 하는 다양한 경우의 수가 있는데요, 그중에서도 저희는 데이트 통장을 사용하고 있습니다. 사용하게 된 계기는 이렇습니다.

연애 초기엔 한 명이 식사를 대접하면 한 명은 커피를 사는 식으로 데이트 비용을 지불했었어요. 그러다보니 내가 비용을 지불하는 날이면 이왕이면 비싼 음식을 대접하고 싶은 마음에 서로가 먹을 수 있는 양보다 훨씬 많은 음식을 주문하며 과소비를 했었습니다. 다 먹지도 못하는 양을 잔뜩 시켜서 남기는 것이 반복되었지요. 식사 후 카페를 갈 때면 이왕이면 조금이라도 더 대접하고 싶은 마음에 배가 부른데도 비싼 디저트까지 주문했습니다. 각자가 먹을 수 있는 양만큼만 주문하면 좋았을 텐데, 현명하지 않은 과소비를 한 셈이었어요. 결국 서로에게 좋을 것이 없었습니다.

서로에게 쓰는 데이트 비용이 아까워서도, 정확히 반반 나눠서 데이트 비용을 부담하기 위해서도 아닌, 조금씩 더 현명한 방향으로 소비하기 위해 데이트 통장을 사용하게 되었어요. 서로 같이 부담하는 비용이다보니 불필요한 지출은 하지 않게 되었고, 우리가 한 달에 얼마나 소비하고 있는지 눈으로 확인할 수 있어서 추후 여행이나 데이트를 위해 일정을 짤 때에도 데이트 통장 잔액을 확인하며 예산 내에서 현명하게 소비할 수 있었습니다. 따라서 데이트 비용으로 인해 돈을 모으는 데 어려움이 생긴다면 충분한 대화를 통해 데이트 통장 사용 여부를 정해보는 것을 추천해요.

- -

Q. 돈을 아끼는 게 너무 어려워요. 팁이 있을까요?

A. 처음부터 엄청난 큰돈을 아껴야겠다고 생각하기보다는, 쓸 땐 쓰더라도 소소하게 덜 소비하는 습관을 먼저 들이시면 절약이 조금 더 가볍게 느껴지실 것 같아요. 그리고 제일 중요한 건 가계부 쓰기예요! '이번 달에는 수입이 얼마 들어왔고 이만큼을 썼구나, 그리고 남은 돈은 적금에 넣고 특정 주식을 매수했다' 정도로만 정리하더라도 내 돈이 어디로 흘러가는지 눈에 보이실 거예요. 그러다보면 생각보다 적은 나의 월 저축액을 발견하고, 이대로는 안 되겠다는 마음에 하나둘씩 차근차근 불필요한 지출들을 줄이기 시작할 거예요. 거창한 것 말고, 일단 내 돈이 어디로 흘러가고 있는지 마주해보시는 것부터 시작해보세요.

나의 투자 일지

우리는 왜 돈을 모으려고 하는 걸까?

누군가는 돈 걱정 없이
여행을 즐기기 위해서일수도

누군가는 안락한 내 집에서
삶을 살아가기 위해서일수도

그럼 어떻게 모아야 현명한 것일까?

사회초년생이 적은 수입으로 최대한의 효율을 내며 자산의 규모를 키워나갈 수 있는 방법에는 어떤 것이 있을까요? 각자 자신이 보유하고 있는 자산의 규모에 따라 자산이 소액일 때는 소비를 통제하고 절약하며 예적금을 통해 돈을 모으는 데 집중을 하고, 자산의 규모가 커질수록 각자 성향에 맞게 주식 혹은 부동산 투자 등을 통해 자산을 불리는 데 집중하는 것이 재테크의 정석일 거예요.

그렇지만 저는 이 책에서 재테크의 정석을 무조건 따라야 한다고 말하지는 않겠습니다. 저마다 돈을 모으려는 목적이 다르고 그 목표 금액 역시 다르기에, 조금 다른 방향에서의 재테크를 이야기해보려고 합니다. 각자 목표한 바를 이루면서 성취감도 느낄 수 있는 지속가능하고 건강한 재테크 말이죠.

앞선 Part 1에서 '중요한 것은 속도가 아니라 방향이다', '불리기가 아닌 굴리기도 투자의 목표가 될 수 있다'라고 말씀드렸었는데요, 이 글에서는 그 내용들을 실제 재테크에서 제가 어떻게 적용하고 있는지 이야기해보려고 합니다.

잠시 멈추더라도 괜찮아

저는 내 집 마련을 위한 최소한의 종잣돈 1억을 목표로 돈을 모으기 시작했었습니다. 좋아하는 사람들과 적당히 좋은 집에 살며 생활하는 그런 '평범한' 삶을 이루기 위해서요. 그때부터 실현 가능한 작은 목표를 하나씩 이루며 자산을 점차 늘려갔습니다. 나름대로 제 딴에는 비교적 어린 나이에 많은 돈을 모았다고 생각했지만, 그래도 그 돈은 제가 꿈꾸는 삶을 이루는 데엔 턱없이 부족하더군요.

대출의 힘을 빌려보려 했으나 디딤돌 대출과 같이 국가에서 제공하는 대출 상품 역시 조건 미 충족으로 인해 신청이 어려웠습니다. 청약에 도전해보려 해도 분명 나이상으로 청년이고, 생애 최초로 주택을 구입하려 하는 예비 신혼부부임에도 각종 특별공급에 지원하기 힘들었습니다. 주어진 예산 안에서 어떻게든 최선을 다해 집을 마련하고자 했으나 쉽지 않은 현실이었습니다.

앞으로 얼마나 더 큰 돈을 모아야 제가 꿈꾸던 삶을 살 수 있을지

혼란스러웠고, 수없이 좌절하며 그렇게 점점 돈 모으기에 정체기가 왔습니다.

무엇을 목표로 재테크를 하며 나아가야 할지 고민하던 그 시기쯤, 한 유튜브 영상이 눈에 띄었습니다. 평소에 해외 여행을 좋아했던 저는 경제적 자유를 이루어 파이어족이 되어 해외여행을 다니는 유튜브 채널들을 즐겨 보았는데요, 어떻게 그들은 이른 나이에 더 이상 일을 하며 돈을 벌지 않고 여행을 다닐까 궁금했습니다. 여러 영상들을 보며 분석해본 결과, 몇 가지 공통점이 보이더라고요.

첫 번째, 그들은 자신의 한 달 생활비를 인지하고 있고 그 예산 안에서 소비하며 살았습니다. 그동안의 경험을 바탕으로 자신들이 한 달 동안 얼마나 사용할지 예측한 후 그 금액을 바탕으로 여행 예산을 짜고, 예산에 맞춰 소비하기 위해 절약을 하고 있었습니다.

두 번째, 지금까지 모은 돈을 '굴려서' 생활비를 마련하고 있다는 점이었습니다. 더 이상 노동을 통해 수입을 창출하지 않고, 보유한 종잣돈을 각자의 투자 방식에 맞추어 최대한으로 굴려 마련한 돈으로 생활하기에 일정 금액의 종잣돈을 계속 유지하며 여행을 다닐 수 있었습니다. 저는 여기에서 아이디어를 얻어 1억 모으기, 현금자산 5천만 원 모으기 이후의 그 다음 목표를 설정할 수 있었습니다.

모은 돈을
눈덩이처럼 굴려보자

돈 모으기에 정체기가 왔던 이유 중 하나는 실현 가능한 목표를 세우는 데 있어 한계를 느꼈기 때문인데요. 1억을 모은 이후 그 다음 목표를 2억 모으기로 잡자니 모아야 할 돈이 너무 많게 느껴졌습니다. 제가 돈을 모으려는 궁극적인 목표인 '내 집 마련'은 지금 가지고 있는 돈으로 이루기 어려워 보였고요. 이제 어떤 것을 목표로 돈을 모아야 할까 막막해하던 중 파이어족 세계여행 영상을 보다보니 이런 생각이 들었어요. '나도 내가 가진 돈으로 일정 수준의 생활비를 마련해야겠다.' 사실 그동안 본업도 수행하고 사이드잡도 하며 노동을 통한 소득 만들기에 많이 지쳐 있던 저는, 일하는 만큼 벌고 있는 지금의 삶에 한계가 느껴졌거든요.

언제까지 지금처럼 나의 시간과 노력, 육체적 노동을 투입하여 소득을 유지할 수 있을지 모르는 거니까 근로소득, 사업소득 외에 금융소득을 추가하여 생활비에 보탬이 될 일정 수준의 현금 흐름을 만들어야겠다고 생각했습니다. 물론 목돈을 굴려 생활비를 마련하기에 제가 가진 돈은 터무니없이 적었지만, 매달 일정한 금액의 현금 흐름을 만들어보는 것만으로도 충분히 유의미할 것이라 판단했습니다. 목표는 월 현금흐름 40만 원으로 잡았습니다.

제가 보유하고 있던 자산은 약 1.5억 원 정도였기에, 당시의 예적금

상품 시중 금리인 3~5%를 기준으로 한 달에 모을 수 있는 돈에서 조금 더 무리하는 선으로 목표를 설정했습니다. 그리고 금융소득을 만들 수 있는 방법들에 대해 찾아보기 시작했습니다.

금융소득이라 함은 크게 예적금상품을 통한 이자소득과 주식 배당금을 통한 배당소득이 있는데요. 이자소득의 경우 이자를 수령하는 당시에 이자소득세 15.4%를 떼고 받기에 저는 소득세를 뗀 세후 이자를 기준으로 월 현금 흐름을 계산해봤죠.

제가 가지고 있던 돈 중 주식 투자에 이미 투입한 금액을 제외한 6000만 원은 최대한 제 상황에 맞는 예적금 상품을 골라 가입했는데요, 수많은 상품 중 어떤 상품을 가입해야 할지 어려울 땐 금융감독원 사이트의 '금융상품한눈에' 서비스를 이용하여 예적금 금리를 비교했습니다. 사실 이자는 예적금 상품이 만기되어야 한번에 받을 수 있는 금액이지만, 조금 더 와닿게 가시적으로 보고 싶어 이렇게 계산해보았습니다.

만기 시 세후 이자÷만기일까지 남은 개월 수

그 결과, 현금 6000만 원으로 2개의 예금상품, 1개의 적금상품, 1개의 파킹통장상품에 가입하였고 약 17만 원의 월 현금흐름을 만들 수 있었습니다. 하지만 이 돈으로는 목표했던 월 현금흐름 40만 원을 만

들기엔 턱없이 부족했죠.

그 다음으로는 주식 투자를 통한 배당금에 눈을 돌렸습니다. 회사가 이익을 창출할 경우 이익의 일부를 회사의 발전에 재투자할 수도 있고 주주들에게 돌려줄 수도 있는데, 이때 주주들에게 돌려주는 일종의 보상을 주식 배당금이라고 합니다. 주식 배당금의 경우 기업마다 모두 상이하고, 주식 배당금만 노린 채 무작정 배당금을 많이 주는 기업에 주식 투자를 하게 되면 해당 기업의 주가가 떨어질 경우 자칫 손해를 볼 수도 있기 때문에 신중해야 합니다.

그동안 마냥 언론에 나오는 유망해 보이는 기업들 위주로 투자를 했다면, 이번에는 제 나름대로 공부하며 적당히 투자가치가 있을 것 같은 기업이면서 배당금도 적지 않게 주는 기업들 위주로 투자를 시작했습니다. 주식 배당금의 경우 주식에 따라 1년에 한번 지급되기도 하고 반기에 한 번, 분기에 한 번 지급되기도 하기에 예적금 상품의 이자 소득을 계산했을 때처럼 단순히 이렇게 계산해보았습니다.

1년간 받는 주식 배당금÷12개월

그 결과, 주식 투자금 2600만 원으로 매달 받는 주식배당금은 평균적으로 10만 원 가까이 되었습니다. 하지만 역시 월 현금흐름 40만 원을 만들기엔 부족한 금액이었습니다. 그렇다면 무엇을 더 할 수 있을까요? 이제 저에게는 전세 보증금에 포함되어 있는 6400만 원이 남아 있습니다. 이 돈은 아직 전셋집을 빼지 않는 한 당장 사용할 수 없는 돈이기에 어떻게 활용하면 좋을지는 조금 더 고민이 필요하겠죠.

비록 아직 월 현금흐름 40만 원 만들기라는 목표를 달성하진 못했지만, 여기에서 이야기하고 싶은 것이 있습니다. 저와 같이 1억 모으기를 목표로 처음 재테크를 시작하셨던 분들이라면 1억 모으기 이후로 앞으로 어떤 목표를 잡아야 할지, 막막함을 느끼는 분들이 많으실 것 같습니다. 무조건 '얼마 이상의 금액 모으기'라는 목표가 아니더라도, 생각을 전환하면 '매달 일정 금액의 현금흐름 만들기'와 같은 목표도 있으니 자신의 상황과 자신의 성향에 알맞은 목표를 설정하셨으면 좋겠습니다.

혹시 재테크를 하면서 반복되는 시행착오에 지치신 분들이 있을까요? 저 역시 재테크를 하면서 끊임 없이 시행착오를 겪고 있습니다. 목표를 잃고 고민하던 제가 우연히 파이어족들의 영상을 보고 새로운 실마리를 찾았듯, 여러분의 고민을 해결하는 데 도움이 될 해결책도 예상치 못한 곳에서 나타날 수 있어요. 그 전까지 우리가 해야 할 일은, 꾸준히 돈을 모을 수 있는 금융 체력을 기르기 위해 가계부를 쓰는 것이라고 생각해요. 이제부터 함께 가계부를 쓰며 돈에 끌려 다니는 것이 아니라, 돈이 나를 따르도록 돈의 흐름을 주도하는 여러분이 되었으면 좋겠습니다.

DO NOT FOLLOW MONEY, MAKE MONEY FOLLOW YOU

현명한 2030의
첫 돈 관리 프로젝트

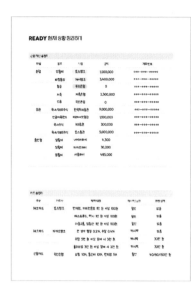

1. 현재 상황 정리하기

• 가계부를 작성하기 전 현재 가지고 있는 은행 계좌, 증권 계좌와 자산을 모두 정리하고, 나의 자산 규모를 확인해봐요.

• 현재 가지고 있는 모든 카드의 종류와 혜택, 결제일을 정리해봐요.

• Part 2의 〈내가 가계부를 꾸준히 쓸 수 있었던 이유〉를 읽고, 돈실먼지 작가님의 팁을 따라 가계부 작성 규칙을 만들어봐요.

• Part 2의 〈내 돈의 흐름은 내가 주도한다〉를 읽고, 나만의 지출 카테고리를 정리해봐요.

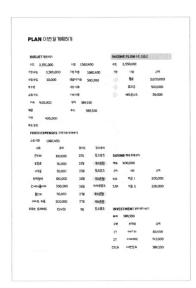

2. 이번 달 계획하기

- 이번 달의 수입·지출·저축·투자 흐름을 한눈에 볼 수 있어요.

- 무엇을 적어야 할지 막막하다면 매달 고정적으로 지출, 저축, 투자하는 내용들을 먼저 적어봐요.

- '수입 = 지출 + 저축 + 투자'가 되도록 수입 흐름도를 작성해보고, 어느 통장에 얼마를 이체해야 할지도 체크해 봐요.

3. 매일 기록하기

· 한 달을 1/4로 나누어 기록할 수 있도록 구성했어요.

· 할인받은 금액과 방법도 함께 적어보며 절약의 뿌듯함을 느껴봐요!

> **머니어리만의 지출 관리 시스템**
> 1주 : D-DAY ~ +7일
> 2주 : +8일 ~ +15일
> 3주 : +16일 ~ +23일
> 4주 : +24일 ~ +31일

· 앱테크 부수입, 중고거래로 생긴 부수입도 놓치지 말고 기록해봐요.

· 매주 통계를 작성하면서 계획 대비 얼마나 잘 썼는지 점검해봐요.

4. 이번 달 회고하기

- 이번 달 통계를 작성하며 한 달 동안 계획대로 잘 소비했는지, 돈은 얼마나 모였는지 정리해봐요.

- 어느 카테고리에서 얼마나 썼는지, 나의 소비 스타일은 어떤지 확인할 수 있어요.

- 수입 흐름도를 작성하며 한 달 동안 실제로 나의 돈이 어떻게 흘러갔는지 분석해봐요.

- 한 달간 가계부를 작성하며 느낀 점들, 좋았거나 아쉬웠던 점을 기록해봐요.

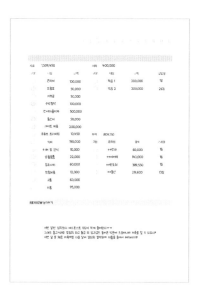

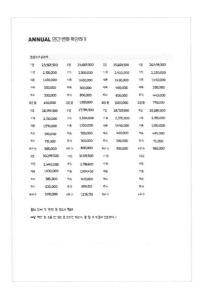

5. 연간 변화 확인하기

- 한 해 동안 내 자산이 어떻게 성장했
  는지 확인해봐요.

- 올해 목표와 다짐도 함께 적어봐요.

- 원 그래프를 그리면서 이번 달에 얼
  마를 모았는지, 목표 금액까지 얼마
  나 남았는지 가시화해봐요.

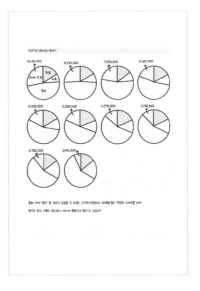

READY 현재 상황 정리하기

금융 자산 총정리

유형	용도	내용	금액	계좌번호

카드 총정리

구분	카드사	혜택 내용	캐시백/할인	전월 실적

나만의 지출 내역 작성 규칙

내용	지출 일자 기준	지출 금액 기준	비고

지출 카테고리 목록

항목	내용	예산

PLAN 이번 달 계획하기

BUDJET 예산 짜기

수입		지출	
고정 수입		고정 지출	
사업 수입		생활비 지출	
부수입		사업 지출	
금융 수입		기타 지출	
저축		투자	
예금			
적금			
파킹 통장			

FIXED EXPENSES 고정 지출 모아보기

고정 지출

내용	금액	결제일	결제계좌

INCOME FLOW 수입 흐름도

수입

구분	내용	금액
○		
○		
○		
○		
○		
○		
○		
○		
○		
○		

SAVING 저축 모아보기

저축

금리	내용	금액

INVESTMENT 투자 모아보기

투자

구분	종목명	금액

지출

구분	내용	금액
◯		
◯		
◯		
◯		
◯		
◯		
◯		
◯		
◯		
◯		
◯		
◯		
◯		
◯		
◯		
◯		

저축

구분	내용	금액	납입일
◯			
◯			
◯			
◯			
◯			
◯			
◯			

투자

구분	종목명	금액	거래일
◯			
◯			
◯			
◯			
◯			
◯			
◯			
◯			

CHECKLIST 체크리스트

BANK ACCOUNT 통장 쪼개기

통장	금액	용도

ACTION 매일 기록하기

EXPENSE 지출 기록

지출

구분	날짜	내용	실 지출 금액	할인받은 금액/방법	지출 수단

INCOME 수입 기록

수입

구분	날짜	내용	금액
○			
○			
○			
○			
○			
○			
○			
○			
○			
○			
○			
○			

ANALYTICS 이번주 통계

수입

지출

저축

투자

AMOUNT 카드별 채워야 하는 실적

구분	카드명	금액
○		
○		
○		
○		
○		
○		
○		
○		

INVESTMENT 투자 기록

투자

구분	날짜	종목명	금액
○			
○			
○			
○			
○			
○			
○			
○			

SAVING 저축 기록

저축

날짜	내용	납입 금액

ACTION 매일 기록하기

EXPENSE 지출 기록

지출

구분	날짜	내용	실 지출 금액	할인받은 금액/방법	지출 수단
○					
○					
○					
○					
○					
○					
○					
○					
○					
○					
○					
○					
○					
○					
○					
○					
○					
○					
○					
○					
○					
○					
○					
○					
○					
○					

INCOME 수입 기록

수입

구분	날짜	내용	금액
○			
○			
○			
○			
○			
○			
○			
○			
○			
○			
○			

ANALYTICS 이번주 통계

수입

지출

저축

투자

AMOUNT 카드별 채워야 하는 실적

구분	카드명	금액
○		
○		
○		
○		
○		
○		
○		
○		

INVESTMENT 투자 기록

투자

구분	날짜	종목명	금액
○			
○			
○			
○			
○			
○			
○			
○			

SAVING 저축 기록

저축

날짜	내용	납입 금액

EXPENSE 지출 기록

지출

구분	날짜	내용	실 지출 금액	할인받은 금액/방법	지출 수단
○					
○					
○					
○					
○					
○					
○					
○					
○					
○					
○					
○					
○					
○					
○					
○					
○					
○					
○					
○					
○					
○					
○					
○					
○					

INCOME 수입 기록

수입

구분	날짜	내용	금액
○			
○			
○			
○			
○			
○			
○			
○			
○			
○			
○			

ANALYTICS 이번주 통계

수입

지출

저축

투자

AMOUNT 카드별 채워야 하는 실적

구분	카드명	금액
○		
○		
○		
○		
○		
○		
○		
○		

INVESTMENT 투자 기록

투자

구분	날짜	종목명	금액
○			
○			
○			
○			
○			
○			
○			
○			

SAVING 저축 기록

저축

날짜	내용	납입 금액

EXPENSE 지출 기록

지출

구분	날짜	내용	실 지출 금액	할인받은 금액/방법	지출 수단
○					
○					
○					
○					
○					
○					
○					
○					
○					
○					
○					
○					
○					
○					
○					
○					
○					
○					
○					
○					
○					
○					
○					

INCOME 수입 기록

수입

구분	날짜	내용	금액
○			
○			
○			
○			
○			
○			
○			
○			
○			
○			
○			
○			

ANALYTICS 이번주 통계

수입	
지출	
저축	
투자	

AMOUNT 카드별 채워야 하는 실적

구분	카드명	금액
○		
○		
○		
○		
○		
○		
○		
○		

INVESTMENT 투자 기록

투자

구분	날짜	종목명	금액
○			
○			
○			
○			
○			
○			
○			
○			

SAVING 저축 기록

저축

날짜	내용	납입 금액

REPORT 이번 달 회고하기

STATISTIC 통계

수입		지출	
고정 수입		고정 지출	
사업 수입		생활비 지출	
부수입		사업 지출	
금융 수입		기타 지출	
저축		투자	
예금			
적금			
파킹 통장			

EXPENSE 카테고리별 생활비 지출 모아보기

생활비 지출

카테고리	금액	비고

INCOME FLOW 수입 흐름도

수입

구분	내용	금액
◯		
◯		
◯		
◯		
◯		
◯		
◯		
◯		
◯		
◯		

SAVING 저축 모아보기

저축

금리	내용	금액

INVESTMENT 투자 모아보기

투자

구분	종목명	금액

지출

구분	내용	금액
○		
○		
○		
○		
○		
○		
○		
○		
○		
○		
○		
○		
○		
○		
○		
○		

저축

구분	내용	금액	납입일
○			
○			
○			
○			
○			
○			
○			

투자

구분	종목명	금액	거래일
○			
○			
○			
○			
○			
○			
○			

REVIEW 돌아보기

PLAN 이번 달 계획하기

BUDJET 예산 짜기

수입		지출	
고정 수입		고정 지출	
사업 수입		생활비 지출	
부수입		사업 지출	
금융 수입		기타 지출	
저축		투자	
예금			
적금			
파킹 통장			

FIXED EXPENSES 고정 지출 모아보기

고정 지출

내용	금액	결제일	결제계좌

INCOME FLOW 수입 흐름도

수입

구분	내용	금액
○		
○		
○		
○		
○		
○		
○		
○		
○		
○		

SAVING 저축 모아보기

저축

금리	내용	금액

INVESTMENT 투자 모아보기

투자

구분	종목명	금액

지출

구분	내용	금액
○		
○		
○		
○		
○		
○		
○		
○		
○		
○		
○		
○		
○		
○		
○		

저축

구분	내용	금액	납입일
○			
○			
○			
○			
○			
○			
○			

투자

구분	종목명	금액	거래일
○			
○			
○			
○			
○			
○			
○			

CHECKLIST 체크리스트

BANK ACCOUNT 통장 쪼개기

통장	금액	용도

ACTION 매일 기록하기

EXPENSE 지출 기록

지출

구분	날짜	내용	실 지출 금액	할인받은 금액/방법	지출 수단
○					
○					
○					
○					
○					
○					
○					
○					
○					
○					
○					
○					
○					
○					
○					
○					
○					
○					
○					
○					
○					
○					
○					

INCOME 수입 기록

수입

구분	날짜	내용	금액
○			
○			
○			
○			
○			
○			
○			
○			
○			
○			
○			
○			

ANALYTICS 이번주 통계

수입

지출

저축

투자

AMOUNT 카드별 채워야 하는 실적

구분	카드명	금액
○		
○		
○		
○		
○		
○		
○		
○		

INVESTMENT 투자 기록

투자

구분	날짜	종목명	금액
○			
○			
○			
○			
○			
○			
○			
○			

SAVING 저축 기록

저축

날짜	내용	납입 금액

ACTION 매일 기록하기

EXPENSE 지출 기록

지출

구분	날짜	내용	실 지출 금액	할인받은 금액/방법	지출 수단
○					
○					
○					
○					
○					
○					
○					
○					
○					
○					
○					
○					
○					
○					
○					
○					
○					
○					
○					
○					
○					
○					
○					
○					
○					

INCOME 수입 기록

수입

구분	날짜	내용	금액
◯			
◯			
◯			
◯			
◯			
◯			
◯			
◯			
◯			
◯			
◯			

ANALYTICS 이번주 통계

수입

지출

저축

투자

AMOUNT 카드별 채워야 하는 실적

구분	카드명	금액
◯		
◯		
◯		
◯		
◯		
◯		
◯		
◯		

INVESTMENT 투자 기록

투자

구분	날짜	종목명	금액
◯			
◯			
◯			
◯			
◯			
◯			
◯			
◯			

SAVING 저축 기록

저축

날짜	내용	납입 금액

ACTION 매일 기록하기

EXPENSE 지출 기록

지출 구분	날짜	내용	실 지출 금액	할인받은 금액/방법	지출 수단
○					
○					
○					
○					
○					
○					
○					
○					
○					
○					
○					
○					
○					
○					
○					
○					
○					
○					
○					
○					
○					
○					
○					
○					

INCOME 수입 기록

수입

구분	날짜	내용	금액
○			
○			
○			
○			
○			
○			
○			
○			
○			
○			
○			
○			

ANALYTICS 이번주 통계

수입

지출

저축

투자

AMOUNT 카드별 채워야 하는 실적

구분	카드명	금액
○		
○		
○		
○		
○		
○		
○		
○		

INVESTMENT 투자 기록

투자

구분	날짜	종목명	금액
○			
○			
○			
○			
○			
○			
○			

SAVING 저축 기록

저축

날짜	내용	납입 금액

ACTION 매일 기록하기

EXPENSE 지출 기록

지출

구분	날짜	내용	실 지출 금액	할인받은 금액/방법	지출 수단
○					
○					
○					
○					
○					
○					
○					
○					
○					
○					
○					
○					
○					
○					
○					
○					
○					
○					
○					
○					
○					
○					
○					
○					

INCOME 수입 기록

수입

구분	날짜	내용	금액
○			
○			
○			
○			
○			
○			
○			
○			
○			
○			
○			
○			

ANALYTICS 이번주 통계

수입

지출

저축

투자

AMOUNT 카드별 채워야 하는 실적

구분	카드명	금액
○		
○		
○		
○		
○		
○		
○		
○		
○		

INVESTMENT 투자 기록

투자

구분	날짜	종목명	금액
○			
○			
○			
○			
○			
○			
○			
○			

SAVING 저축 기록

저축

날짜	내용	납입 금액

REPORT 이번 달 회고하기

STATISTIC 통계

수입		지출	
고정 수입		고정 지출	
사업 수입		생활비 지출	
부수입		사업 지출	
금융 수입		기타 지출	
저축		투자	
예금			
적금			
파킹 통장			

EXPENSE 카테고리별 생활비 지출 모아보기

생활비 지출

카테고리	금액	비고

INCOME FLOW 수입 흐름도

수입

구분	내용	금액
○		
○		
○		
○		
○		
○		
○		
○		
○		

SAVING 저축 모아보기

저축

금리	내용	금액

INVESTMENT 투자 모아보기

투자

구분	종목명	금액

지출

구분	내용	금액

저축

구분	내용	금액	납입일

투자

구분	종목명	금액	거래일

REVIEW 돌아보기

PLAN 이번 달 계획하기

BUDJET 예산짜기

수입		지출	
고정 수입		고정 지출	
사업 수입		생활비 지출	
부수입		사업 지출	
금융 수입		기타 지출	
저축		투자	
예금			
적금			
파킹 통장			

FIXED EXPENSES 고정 지출 모아보기

고정 지출

내용	금액	결제일	결제계좌

INCOME FLOW 수입 흐름도

수입

구분	내용	금액
○		
○		
○		
○		
○		
○		
○		
○		
○		
○		

SAVING 저축 모아보기

저축

금리	내용	금액

INVESTMENT 투자 모아보기

투자

구분	종목명	금액

지출

구분	내용	금액
○		
○		
○		
○		
○		
○		
○		
○		
○		
○		
○		
○		
○		
○		
○		

저축

구분	내용	금액	납입일
○			
○			
○			
○			
○			
○			

투자

구분	종목명	금액	거래일
○			
○			
○			
○			
○			
○			

CHECKLIST 체크리스트

BANK ACCOUNT 통장 쪼개기

통장	금액	용도

ACTION 매일 기록하기

EXPENSE 지출 기록

지출

구분	날짜	내용	실 지출 금액	할인받은 금액/방법	지출 수단
○					
○					
○					
○					
○					
○					
○					
○					
○					
○					
○					
○					
○					
○					
○					
○					
○					
○					
○					
○					
○					
○					
○					

INCOME 수입 기록

수입

구분	날짜	내용	금액
○			
○			
○			
○			
○			
○			
○			
○			
○			
○			
○			
○			

ANALYTICS 이번주 통계

수입

지출

저축

투자

AMOUNT 카드별 채워야 하는 실적

구분	카드명	금액
○		
○		
○		
○		
○		
○		
○		
○		
○		

INVESTMENT 투자 기록

투자

구분	날짜	종목명	금액
○			
○			
○			
○			
○			
○			
○			
○			

SAVING 저축 기록

저축

날짜	내용	납입 금액

EXPENSE 지출 기록

지출

구분	날짜	내용	실 지출 금액	할인받은 금액/방법	지출 수단
○					
○					
○					
○					
○					
○					
○					
○					
○					
○					
○					
○					
○					
○					
○					
○					
○					
○					
○					
○					
○					
○					
○					
○					
○					

INCOME 수입 기록

수입

구분	날짜	내용	금액
○			
○			
○			
○			
○			
○			
○			
○			
○			
○			
○			
○			

ANALYTICS 이번주 통계

수입
지출
저축
투자

AMOUNT 카드별 채워야 하는 실적

구분	카드명	금액
○		
○		
○		
○		
○		
○		
○		
○		
○		

INVESTMENT 투자 기록

투자

구분	날짜	종목명	금액
○			
○			
○			
○			
○			
○			
○			
○			

SAVING 저축 기록

저축

날짜	내용	납입 금액

ACTION 매일 기록하기

☐ ☐ ☐ ☐
1st 2nd 3rd 4th

EXPENSE 지출 기록

지출

구분	날짜	내용	실 지출 금액	할인받은 금액/방법	지출 수단
◯					
◯					
◯					
◯					
◯					
◯					
◯					
◯					
◯					
◯					
◯					
◯					
◯					
◯					
◯					
◯					
◯					
◯					
◯					
◯					
◯					
◯					
◯					

INCOME 수입 기록

수입

구분	날짜	내용	금액
○			
○			
○			
○			
○			
○			
○			
○			
○			
○			
○			
○			

ANALYTICS 이번주 통계

수입

지출

저축

투자

AMOUNT 카드별 채워야 하는 실적

구분	카드명	금액
○		
○		
○		
○		
○		
○		
○		
○		

INVESTMENT 투자 기록

투자

구분	날짜	종목명	금액
○			
○			
○			
○			
○			
○			
○			
○			

SAVING 저축 기록

저축

날짜	내용	납입 금액

ACTION 매일 기록하기

EXPENSE 지출 기록

지출

구분	날짜	내용	실 지출 금액	할인받은 금액/방법	지출 수단
○					
○					
○					
○					
○					
○					
○					
○					
○					
○					
○					
○					
○					
○					
○					
○					
○					
○					
○					
○					
○					
○					
○					
○					
○					

INCOME 수입 기록

수입

구분	날짜	내용	금액
◯			
◯			
◯			
◯			
◯			
◯			
◯			
◯			
◯			
◯			
◯			
◯			

ANALYTICS 이번주 통계

수입

지출

저축

투자

AMOUNT 카드별 채워야 하는 실적

구분	카드명	금액
◯		
◯		
◯		
◯		
◯		
◯		
◯		
◯		
◯		

INVESTMENT 투자 기록

투자

구분	날짜	종목명	금액
◯			
◯			
◯			
◯			
◯			
◯			
◯			
◯			

SAVING 저축 기록

저축

날짜	내용	납입 금액

REPORT 이번 달 회고하기

STATISTIC 통계

수입		지출	
고정 수입		고정 지출	
사업 수입		생활비 지출	
부수입		사업 지출	
금융 수입		기타 지출	
저축		투자	
예금			
적금			
파킹 통장			

EXPENSE 카테고리별 생활비 지출 모아보기

생활비 지출

카테고리	금액	비고

INCOME FLOW 수입 흐름도

수입

구분	내용	금액
○		
○		
○		
○		
○		
○		
○		
○		
○		
○		

SAVING 저축 모아보기

저축

금리	내용	금액

INVESTMENT 투자 모아보기

투자

구분	종목명	금액

지출

구분	내용	금액
○		
○		
○		
○		
○		
○		
○		
○		
○		
○		
○		
○		
○		
○		
○		
○		

저축

구분	내용	금액	납입일
○			
○			
○			
○			
○			
○			
○			

투자

구분	종목명	금액	거래일
○			
○			
○			
○			
○			
○			
○			

REVIEW 돌아보기

PLAN 이번 달 계획하기

BUDJET 예산 짜기

수입		지출	
고정 수입		고정 지출	
사업 수입		생활비 지출	
부수입		사업 지출	
금융 수입		기타 지출	
저축		투자	
예금			
적금			
파킹 통장			

FIXED EXPENSES 고정 지출 모아보기

고정 지출

내용	금액	결제일	결제계좌

INCOME FLOW 수입 흐름도

수입

구분	내용	금액
○		
○		
○		
○		
○		
○		
○		
○		
○		
○		
○		

SAVING 저축 모아보기

저축

금리	내용	금액

INVESTMENT 투자 모아보기

투자

구분	종목명	금액

지출

구분	내용	금액
○		
○		
○		
○		
○		
○		
○		
○		
○		
○		
○		
○		
○		
○		
○		

저축

구분	내용	금액	납입일
○			
○			
○			
○			
○			
○			
○			

투자

구분	종목명	금액	거래일
○			
○			
○			
○			
○			
○			
○			
○			

CHECKLIST 체크리스트

BANK ACCOUNT 통장 쪼개기

통장	금액	용도

EXPENSE 지출 기록

지출

구분	날짜	내용	실 지출 금액	할인받은 금액/방법	지출 수단
○					
○					
○					
○					
○					
○					
○					
○					
○					
○					
○					
○					
○					
○					
○					
○					
○					
○					
○					
○					
○					
○					
○					
○					

INCOME 수입 기록

수입

구분	날짜	내용	금액
○			
○			
○			
○			
○			
○			
○			
○			
○			
○			
○			
○			

ANALYTICS 이번주 통계

수입

지출

저축

투자

AMOUNT 카드별 채워야 하는 실적

구분	카드명	금액
○		
○		
○		
○		
○		
○		
○		
○		

INVESTMENT 투자 기록

투자

구분	날짜	종목명	금액
○			
○			
○			
○			
○			
○			
○			
○			

SAVING 저축 기록

저축

날짜	내용	납입 금액

ACTION 매일 기록하기

□ □ □ □
1st 2nd 3rd 4th

EXPENSE 지출 기록

지출

구분	날짜	내용	실 지출 금액	할인받은 금액/방법	지출 수단
○					
○					
○					
○					
○					
○					
○					
○					
○					
○					
○					
○					
○					
○					
○					
○					
○					
○					
○					
○					
○					
○					
○					
○					

INCOME 수입 기록

수입

구분	날짜	내용	금액
◯			
◯			
◯			
◯			
◯			
◯			
◯			
◯			
◯			
◯			
◯			
◯			

ANALYTICS 이번주 통계

수입	
지출	
저축	
투자	

AMOUNT 카드별 채워야 하는 실적

구분	카드명	금액
◯		
◯		
◯		
◯		
◯		
◯		
◯		
◯		

INVESTMENT 투자 기록

투자

구분	날짜	종목명	금액
◯			
◯			
◯			
◯			
◯			
◯			
◯			
◯			

SAVING 저축 기록

저축

날짜	내용	납입 금액

EXPENSE 지출 기록

지출 구분	날짜	내용	실 지출 금액	할인받은 금액/방법	지출 수단
○					
○					
○					
○					
○					
○					
○					
○					
○					
○					
○					
○					
○					
○					
○					
○					
○					
○					
○					
○					
○					
○					
○					

INCOME 수입 기록

수입

구분	날짜	내용	금액
○			
○			
○			
○			
○			
○			
○			
○			
○			
○			
○			
○			

ANALYTICS 이번주 통계

수입

지출

저축

투자

AMOUNT 카드별 채워야 하는 실적

구분	카드명	금액
○		
○		
○		
○		
○		
○		
○		
○		

INVESTMENT 투자 기록

투자

구분	날짜	종목명	금액
○			
○			
○			
○			
○			
○			
○			
○			

SAVING 저축 기록

저축

날짜	내용	납입 금액

ACTION 매일 기록하기

EXPENSE 지출 기록

지출

구분	날짜	내용	실 지출 금액	할인받은 금액/방법	지출 수단
○					
○					
○					
○					
○					
○					
○					
○					
○					
○					
○					
○					
○					
○					
○					
○					
○					
○					
○					
○					
○					
○					
○					
○					

INCOME 수입 기록

수입

구분	날짜	내용	금액
○			
○			
○			
○			
○			
○			
○			
○			
○			
○			
○			

ANALYTICS 이번주 통계

수입

지출

저축

투자

AMOUNT 카드별 채워야 하는 실적

구분	카드명	금액
○		
○		
○		
○		
○		
○		
○		
○		
○		

INVESTMENT 투자 기록

투자

구분	날짜	종목명	금액
○			
○			
○			
○			
○			
○			
○			
○			

SAVING 저축 기록

저축

날짜	내용	납입 금액

REPORT 이번 달 회고하기

STATISTIC 통계

수입		지출	
고정 수입		고정 지출	
사업 수입		생활비 지출	
부수입		사업 지출	
금융 수입		기타 지출	
저축		투자	
예금			
적금			
파킹 통장			

EXPENSE 카테고리별 생활비 지출 모아보기

생활비 지출

카테고리	금액	비고

INCOME FLOW 수입 흐름도

수입

구분	내용	금액
○		
○		
○		
○		
○		
○		
○		
○		
○		
○		

SAVING 저축 모아보기

저축

금리	내용	금액

INVESTMENT 투자 모아보기

투자

구분	종목명	금액

지출

구분	내용	금액
◯		
◯		
◯		
◯		
◯		
◯		
◯		
◯		
◯		
◯		
◯		
◯		
◯		
◯		
◯		

저축

구분	내용	금액	납입일
◯			
◯			
◯			
◯			
◯			
◯			
◯			

투자

구분	종목명	금액	거래일
◯			
◯			
◯			
◯			
◯			
◯			
◯			

REVIEW 돌아보기

PLAN 이번 달 계획하기

BUDJET 예산 짜기

수입		지출	
고정 수입		고정 지출	
사업 수입		생활비 지출	
부수입		사업 지출	
금융 수입		기타 지출	
저축		투자	
예금			
적금			
파킹 통장			

FIXED EXPENSES 고정 지출 모아보기

고정 지출

내용	금액	결제일	결제계좌

INCOME FLOW 수입 흐름도

수입

구분	내용	금액
○		
○		
○		
○		
○		
○		
○		
○		
○		
○		
○		

SAVING 저축 모아보기

저축

금리	내용	금액

INVESTMENT 투자 모아보기

투자

구분	종목명	금액

지출

구분	내용	금액
◯		
◯		
◯		
◯		
◯		
◯		
◯		
◯		
◯		
◯		
◯		
◯		
◯		
◯		
◯		
◯		

저축

구분	내용	금액	납입일
◯			
◯			
◯			
◯			
◯			
◯			

투자

구분	종목명	금액	거래일
◯			
◯			
◯			
◯			
◯			
◯			
◯			

CHECKLIST 체크리스트

BANK ACCOUNT 통장 쪼개기

통장	금액	용도

ACTION 매일 기록하기

EXPENSE 지출 기록

지출

구분	날짜	내용	실 지출 금액	할인받은 금액/방법	지출 수단
○					
○					
○					
○					
○					
○					
○					
○					
○					
○					
○					
○					
○					
○					
○					
○					
○					
○					
○					
○					
○					
○					
○					
○					

INCOME 수입 기록

수입

구분	날짜	내용	금액
○			
○			
○			
○			
○			
○			
○			
○			
○			
○			
○			
○			

ANALYTICS 이번주 통계

수입

지출

저축

투자

AMOUNT 카드별 채워야 하는 실적

구분	카드명	금액
○		
○		
○		
○		
○		
○		
○		
○		

INVESTMENT 투자 기록

투자

구분	날짜	종목명	금액
○			
○			
○			
○			
○			
○			
○			
○			

SAVING 저축 기록

저축

날짜	내용	납입 금액

ACTION 매일 기록하기

1st 2nd 3rd 4th

EXPENSE 지출 기록

지출

구분	날짜	내용	실 지출 금액	할인받은 금액/방법	지출 수단
○					
○					
○					
○					
○					
○					
○					
○					
○					
○					
○					
○					
○					
○					
○					
○					
○					
○					
○					
○					
○					
○					
○					
○					

INCOME 수입 기록

수입

구분	날짜	내용	금액
○			
○			
○			
○			
○			
○			
○			
○			
○			
○			
○			
○			

ANALYTICS 이번주 통계

수입

지출

저축

투자

AMOUNT 카드별 채워야 하는 실적

구분	카드명	금액
○		
○		
○		
○		
○		
○		
○		
○		
○		
○		

INVESTMENT 투자 기록

투자

구분	날짜	종목명	금액
○			
○			
○			
○			
○			
○			
○			
○			

SAVING 저축 기록

저축

날짜	내용	납입 금액

ACTION 매일 기록하기

1st 2nd 3rd 4th

EXPENSE 지출 기록

지출

구분	날짜	내용	실 지출 금액	할인받은 금액/방법	지출 수단
○					
○					
○					
○					
○					
○					
○					
○					
○					
○					
○					
○					
○					
○					
○					
○					
○					
○					
○					
○					
○					
○					
○					
○					
○					

INCOME 수입 기록

수입

구분	날짜	내용	금액
○			
○			
○			
○			
○			
○			
○			
○			
○			
○			
○			
○			

ANALYTICS 이번주 통계

수입

지출

저축

투자

AMOUNT 카드별 채워야 하는 실적

구분	카드명	금액
○		
○		
○		
○		
○		
○		
○		
○		

INVESTMENT 투자 기록

투자

구분	날짜	종목명	금액
○			
○			
○			
○			
○			
○			
○			
○			

SAVING 저축 기록

저축

날짜	내용	납입 금액

ACTION 매일 기록하기

EXPENSE 지출 기록

지출

구분	날짜	내용	실 지출 금액	할인받은 금액/방법	지출 수단
○					
○					
○					
○					
○					
○					
○					
○					
○					
○					
○					
○					
○					
○					
○					
○					
○					
○					
○					
○					
○					
○					
○					
○					

INCOME 수입 기록

수입

구분	날짜	내용	금액
○			
○			
○			
○			
○			
○			
○			
○			
○			
○			
○			

ANALYTICS 이번주 통계

수입

지출

저축

투자

AMOUNT 카드별 채워야 하는 실적

구분	카드명	금액
○		
○		
○		
○		
○		
○		
○		
○		

INVESTMENT 투자 기록

투자

구분	날짜	종목명	금액
○			
○			
○			
○			
○			
○			
○			
○			

SAVING 저축 기록

저축

날짜	내용	납입 금액

REPORT 이번 달 회고하기

STATISTIC 통계

수입		지출	
고정 수입		고정 지출	
사업 수입		생활비 지출	
부수입		사업 지출	
금융 수입		기타 지출	
저축		투자	
예금			
적금			
파킹 통장			

EXPENSE 카테고리별 생활비 지출 모아보기

생활비 지출

카테고리	금액	비고

INCOME FLOW 수입 흐름도

수입

구분	내용	금액
○		
○		
○		
○		
○		
○		
○		
○		
○		
○		

SAVING 저축 모아보기

저축

금리	내용	금액

INVESTMENT 투자 모아보기

투자

구분	종목명	금액

지출

구분	내용	금액
○		
○		
○		
○		
○		
○		
○		
○		
○		
○		
○		
○		
○		
○		
○		
○		

저축

구분	내용	금액	납입일
○			
○			
○			
○			
○			
○			
○			

투자

구분	종목명	금액	거래일
○			
○			
○			
○			
○			
○			
○			
○			

REVIEW 돌아보기

PLAN 이번달계획하기

BUDJET 예산짜기

수입		지출	
고정 수입		고정 지출	
사업 수입		생활비 지출	
부수입		사업 지출	
금융 수입		기타 지출	
저축		**투자**	
예금			
적금			
파킹 통장			

FIXED EXPENSES 고정 지출 모아보기

고정 지출

내용	금액	결제일	결제계좌

INCOME FLOW 수입 흐름도

수입

구분	내용	금액
○		
○		
○		
○		
○		
○		
○		
○		
○		
○		
○		

SAVING 저축 모아보기

저축

금리	내용	금액

INVESTMENT 투자 모아보기

투자

구분	종목명	금액

지출			저축			
구분	내용	금액	구분	내용	금액	납입일
○			○			
○			○			
○			○			
○			○			
○			○			
○			○			
○			○			
○						

투자			
구분	종목명	금액	거래일
○			
○			
○			
○			
○			
○			
○			

(지출 구분 열 계속)
○ ○ ○ ○ ○ ○ ○

CHECKLIST 체크리스트

BANK ACCOUNT 통장 쪼개기

통장	금액	용도

ACTION 매일 기록하기

EXPENSE 지출 기록

지출

구분	날짜	내용	실 지출 금액	할인받은 금액/방법	지출 수단
○					
○					
○					
○					
○					
○					
○					
○					
○					
○					
○					
○					
○					
○					
○					
○					
○					
○					
○					
○					
○					
○					
○					
○					
○					

INCOME 수입기록

수입

구분	날짜	내용	금액
○			
○			
○			
○			
○			
○			
○			
○			
○			
○			
○			
○			

ANALYTICS 이번주 통계

수입

지출

저축

투자

AMOUNT 카드별 채워야 하는 실적

구분	카드명	금액
○		
○		
○		
○		
○		
○		
○		
○		

INVESTMENT 투자기록

투자

구분	날짜	종목명	금액
○			
○			
○			
○			
○			
○			
○			
○			

SAVING 저축기록

저축

날짜	내용	납입 금액

ACTION 매일 기록하기

1st 2nd 3rd 4th

EXPENSE 지출 기록

지출

구분	날짜	내용	실 지출 금액	할인받은 금액/방법	지출 수단
○					
○					
○					
○					
○					
○					
○					
○					
○					
○					
○					
○					
○					
○					
○					
○					
○					
○					
○					
○					
○					
○					
○					
○					

INCOME 수입 기록

수입

구분	날짜	내용	금액
○			
○			
○			
○			
○			
○			
○			
○			
○			
○			
○			
○			

ANALYTICS 이번주 통계

수입

지출

저축

투자

AMOUNT 카드별 채워야 하는 실적

구분	카드명	금액
○		
○		
○		
○		
○		
○		
○		
○		

INVESTMENT 투자 기록

투자

구분	날짜	종목명	금액
○			
○			
○			
○			
○			
○			
○			
○			

SAVING 저축 기록

저축

날짜	내용	납입 금액

ACTION 매일 기록하기

EXPENSE 지출 기록

지출

구분	날짜	내용	실 지출 금액	할인받은 금액/방법	지출 수단
○					
○					
○					
○					
○					
○					
○					
○					
○					
○					
○					
○					
○					
○					
○					
○					
○					
○					
○					
○					
○					
○					
○					
○					

INCOME 수입 기록

수입

구분	날짜	내용	금액
◯			
◯			
◯			
◯			
◯			
◯			
◯			
◯			
◯			
◯			
◯			
◯			

ANALYTICS 이번주 통계

수입

지출

저축

투자

AMOUNT 카드별 채워야 하는 실적

구분	카드명	금액
◯		
◯		
◯		
◯		
◯		
◯		
◯		
◯		

INVESTMENT 투자 기록

투자

구분	날짜	종목명	금액
◯			
◯			
◯			
◯			
◯			
◯			
◯			
◯			

SAVING 저축 기록

저축

날짜	내용	납입 금액

ACTION 매일 기록하기

EXPENSE 지출 기록

지출

구분	날짜	내용	실 지출 금액	할인받은 금액/방법	지출 수단
○					
○					
○					
○					
○					
○					
○					
○					
○					
○					
○					
○					
○					
○					
○					
○					
○					
○					
○					
○					
○					
○					
○					
○					
○					
○					

INCOME 수입 기록

수입

구분	날짜	내용	금액
○			
○			
○			
○			
○			
○			
○			
○			
○			
○			
○			
○			

ANALYTICS 이번주 통계

수입

지출

저축

투자

AMOUNT 카드별 채워야 하는 실적

구분	카드명	금액
○		
○		
○		
○		
○		
○		
○		
○		
○		

INVESTMENT 투자 기록

투자

구분	날짜	종목명	금액
○			
○			
○			
○			
○			
○			
○			
○			

SAVING 저축 기록

저축

날짜	내용	납입 금액

REPORT 이번 달 회고하기

STATISTIC 통계

수입		지출	
고정 수입		고정 지출	
사업 수입		생활비 지출	
부수입		사업 지출	
금융 수입		기타 지출	
저축		투자	
예금			
적금			
파킹 통장			

EXPENSE 카테고리별 생활비 지출 모아보기

생활비 지출

카테고리	금액	비고

INCOME FLOW 수입흐름도

수입

구분	내용	금액
○		
○		
○		
○		
○		
○		
○		
○		
○		
○		

SAVING 저축 모아보기

저축

금리	내용	금액

INVESTMENT 투자 모아보기

투자

구분	종목명	금액

지출			저축			
구분	내용	금액	구분	내용	금액	납입일
◯			◯			
◯			◯			
◯			◯			
◯			◯			
◯			◯			
◯			◯			
◯			◯			

			투자			
◯			구분	종목명	금액	거래일
◯			◯			
◯			◯			
◯			◯			
◯			◯			
◯			◯			
◯			◯			

REVIEW 돌아보기

PLAN 이번 달 계획하기

BUDJET 예산 짜기

수입

고정 수입	
사업 수입	
부수입	
금융 수입	

지출

고정 지출	
생활비 지출	
사업 지출	
기타 지출	

저축

예금	
적금	
파킹 통장	

투자

FIXED EXPENSES 고정 지출 모아보기

고정 지출

내용	금액	결제일	결제계좌

INCOME FLOW 수입 흐름도

수입

구분	내용	금액
○		
○		
○		
○		
○		
○		
○		
○		
○		
○		
○		

SAVING 저축 모아보기

저축

금리	내용	금액

INVESTMENT 투자 모아보기

투자

구분	종목명	금액

지출			저축			
구분	내용	금액	구분	내용	금액	납입일
○			○			
○			○			
○			○			
○			○			
○			○			
○			○			
○			○			

			투자			
구분	종목명	금액	거래일
○			○			
○			○			
○			○			
○			○			
○			○			
○			○			
○			○			

CHECKLIST 체크리스트

BANK ACCOUNT 통장 쪼개기

통장	금액	용도

EXPENSE 지출 기록

지출

구분	날짜	내용	실 지출 금액	할인받은 금액/방법	지출 수단
○					
○					
○					
○					
○					
○					
○					
○					
○					
○					
○					
○					
○					
○					
○					
○					
○					
○					
○					
○					
○					
○					
○					
○					

INCOME 수입 기록

수입

구분	날짜	내용	금액
○			
○			
○			
○			
○			
○			
○			
○			
○			
○			
○			
○			

ANALYTICS 이번주 통계

수입

지출

저축

투자

AMOUNT 카드별 채워야 하는 실적

구분	카드명	금액
○		
○		
○		
○		
○		
○		
○		
○		

INVESTMENT 투자 기록

투자

구분	날짜	종목명	금액
○			
○			
○			
○			
○			
○			
○			
○			

SAVING 저축 기록

저축

날짜	내용	납입 금액

EXPENSE 지출 기록

지출

구분	날짜	내용	실 지출 금액	할인받은 금액/방법	지출 수단
○					
○					
○					
○					
○					
○					
○					
○					
○					
○					
○					
○					
○					
○					
○					
○					
○					
○					
○					
○					
○					
○					
○					
○					

INCOME 수입 기록

수입

구분	날짜	내용	금액
○			
○			
○			
○			
○			
○			
○			
○			
○			
○			
○			
○			

ANALYTICS 이번주 통계

수입

지출

저축

투자

AMOUNT 카드별 채워야 하는 실적

구분	카드명	금액
○		
○		
○		
○		
○		
○		
○		
○		

INVESTMENT 투자 기록

투자

구분	날짜	종목명	금액
○			
○			
○			
○			
○			
○			
○			
○			

SAVING 저축 기록

저축

날짜	내용	납입 금액

EXPENSE 지출 기록

지출 구분	날짜	내용	실 지출 금액	할인받은 금액/방법	지출 수단
○					
○					
○					
○					
○					
○					
○					
○					
○					
○					
○					
○					
○					
○					
○					
○					
○					
○					
○					
○					
○					
○					
○					
○					

INCOME 수입 기록

수입

구분	날짜	내용	금액
○			
○			
○			
○			
○			
○			
○			
○			
○			
○			
○			
○			

ANALYTICS 이번주 통계

수입

지출

저축

투자

AMOUNT 카드별 채워야 하는 실적

구분	카드명	금액
○		
○		
○		
○		
○		
○		
○		
○		

INVESTMENT 투자 기록

투자

구분	날짜	종목명	금액
○			
○			
○			
○			
○			
○			
○			
○			

SAVING 저축 기록

저축

날짜	내용	납입 금액

ACTION 매일 기록하기

EXPENSE 지출 기록

지출

구분	날짜	내용	실 지출 금액	할인받은 금액/방법	지출 수단
◯					
◯					
◯					
◯					
◯					
◯					
◯					
◯					
◯					
◯					
◯					
◯					
◯					
◯					
◯					
◯					
◯					
◯					
◯					
◯					
◯					
◯					
◯					
◯					

INCOME 수입 기록

수입

구분	날짜	내용	금액
◯			
◯			
◯			
◯			
◯			
◯			
◯			
◯			
◯			
◯			
◯			
◯			

ANALYTICS 이번주 통계

수입

지출

저축

투자

AMOUNT 카드별 채워야 하는 실적

구분	카드명	금액
◯		
◯		
◯		
◯		
◯		
◯		
◯		
◯		
◯		

INVESTMENT 투자 기록

투자

구분	날짜	종목명	금액
◯			
◯			
◯			
◯			
◯			
◯			
◯			
◯			

SAVING 저축 기록

저축

날짜	내용	납입 금액

REPORT 이번 달 회고하기

STATISTIC 통계

수입		지출	
고정 수입		고정 지출	
사업 수입		생활비 지출	
부수입		사업 지출	
금융 수입		기타 지출	

저축		투자	
예금			
적금			
파킹 통장			

EXPENSE 카테고리별 생활비 지출 모아보기

생활비 지출

카테고리	금액	비고

INCOME FLOW 수입 흐름도

수입

구분	내용	금액
○		
○		
○		
○		
○		
○		
○		
○		
○		
○		

SAVING 저축 모아보기

저축

금리	내용	금액

INVESTMENT 투자 모아보기

투자

구분	종목명	금액

지출

구분	내용	금액
○		
○		
○		
○		
○		
○		
○		
○		
○		
○		
○		
○		
○		
○		
○		

저축

구분	내용	금액	납입일
○			
○			
○			
○			
○			
○			
○			

투자

구분	종목명	금액	거래일
○			
○			
○			
○			
○			
○			
○			

REVIEW 돌아보기

PLAN 이번 달 계획하기

BUDJET 예산 짜기

수입	지출
고정 수입	고정 지출
사업 수입	생활비 지출
부수입	사업 지출
금융 수입	기타 지출

저축	투자
예금	
적금	
파킹 통장	

FIXED EXPENSES 고정 지출 모아보기

고정 지출

내용	금액	결제일	결제계좌

INCOME FLOW 수입 흐름도

수입

구분	내용	금액
○		
○		
○		
○		
○		
○		
○		
○		
○		
○		

SAVING 저축 모아보기

저축

금리	내용	금액

INVESTMENT 투자 모아보기

투자

구분	종목명	금액

지출

구분	내용	금액
○		
○		
○		
○		
○		
○		
○		
○		
○		
○		
○		
○		
○		
○		

저축

구분	내용	금액	납입일
○			
○			
○			
○			
○			
○			
○			

투자

구분	종목명	금액	거래일
○			
○			
○			
○			
○			
○			
○			

CHECKLIST 체크리스트

BANK ACCOUNT 통장 쪼개기

통장	금액	용도

EXPENSE 지출 기록

지출

구분	날짜	내용	실 지출 금액	할인받은 금액/방법	지출 수단
○					
○					
○					
○					
○					
○					
○					
○					
○					
○					
○					
○					
○					
○					
○					
○					
○					
○					
○					
○					
○					
○					

INCOME 수입 기록

수입

구분	날짜	내용	금액
○			
○			
○			
○			
○			
○			
○			
○			
○			
○			
○			
○			

ANALYTICS 이번주 통계

수입

지출

저축

투자

AMOUNT 카드별 채워야 하는 실적

구분	카드명	금액
○		
○		
○		
○		
○		
○		
○		
○		

INVESTMENT 투자 기록

투자

구분	날짜	종목명	금액
○			
○			
○			
○			
○			
○			
○			

SAVING 저축 기록

저축

날짜	내용	납입 금액

ACTION 매일 기록하기

EXPENSE 지출 기록

지출

구분	날짜	내용	실 지출 금액	할인받은 금액/방법	지출 수단
○					
○					
○					
○					
○					
○					
○					
○					
○					
○					
○					
○					
○					
○					
○					
○					
○					
○					
○					
○					
○					
○					
○					
○					

INCOME 수입 기록

수입

구분	날짜	내용	금액
○			
○			
○			
○			
○			
○			
○			
○			
○			
○			
○			
○			

ANALYTICS 이번주 통계

수입

지출

저축

투자

AMOUNT 카드별 채워야 하는 실적

구분	카드명	금액
○		
○		
○		
○		
○		
○		
○		
○		
○		

INVESTMENT 투자 기록

투자

구분	날짜	종목명	금액
○			
○			
○			
○			
○			
○			
○			
○			

SAVING 저축 기록

저축

날짜	내용	납입 금액

ACTION 매일 기록하기

EXPENSE 지출 기록

지출 구분	날짜	내용	실 지출 금액	할인받은 금액/방법	지출 수단
○					
○					
○					
○					
○					
○					
○					
○					
○					
○					
○					
○					
○					
○					
○					
○					
○					
○					
○					
○					
○					
○					
○					
○					
○					

INCOME 수입 기록

수입

구분	날짜	내용	금액
○			
○			
○			
○			
○			
○			
○			
○			
○			
○			
○			

ANALYTICS 이번주 통계

수입

지출

저축

투자

AMOUNT 카드별 채워야 하는 실적

구분	카드명	금액
○		
○		
○		
○		
○		
○		
○		
○		

INVESTMENT 투자 기록

투자

구분	날짜	종목명	금액
○			
○			
○			
○			
○			
○			
○			
○			

SAVING 저축 기록

저축

날짜	내용	납입 금액

ACTION 매일 기록하기

EXPENSE 지출 기록

지출

구분	날짜	내용	실 지출 금액	할인받은 금액/방법	지출 수단
○					
○					
○					
○					
○					
○					
○					
○					
○					
○					
○					
○					
○					
○					
○					
○					
○					
○					
○					
○					
○					
○					
○					

INCOME 수입 기록

수입

구분	날짜	내용	금액
○			
○			
○			
○			
○			
○			
○			
○			
○			
○			
○			
○			

ANALYTICS 이번주 통계

수입

지출

저축

투자

AMOUNT 카드별 채워야 하는 실적

구분	카드명	금액
○		
○		
○		
○		
○		
○		
○		
○		
○		

INVESTMENT 투자 기록

투자

구분	날짜	종목명	금액
○			
○			
○			
○			
○			
○			
○			
○			

SAVING 저축 기록

저축

날짜	내용	납입 금액

REPORT 이번 달 회고하기

STATISTIC 통계

수입		지출	
고정 수입		고정 지출	
사업 수입		생활비 지출	
부수입		사업 지출	
금융 수입		기타 지출	
저축		투자	
예금			
적금			
파킹 통장			

EXPENSE 카테고리별 생활비 지출 모아보기

생활비 지출

카테고리	금액	비고

INCOME FLOW 수입 흐름도

수입

구분	내용	금액
○		
○		
○		
○		
○		
○		
○		
○		
○		
○		

SAVING 저축 모아보기

저축

금리	내용	금액

INVESTMENT 투자 모아보기

투자

구분	종목명	금액

지출

구분	내용	금액
○		
○		
○		
○		
○		
○		
○		
○		
○		
○		
○		
○		
○		
○		
○		

저축

구분	내용	금액	납입일
○			
○			
○			
○			
○			
○			
○			

투자

구분	종목명	금액	거래일
○			
○			
○			
○			
○			
○			
○			

REVIEW 돌아보기

PLAN 이번 달 계획하기

BUDJET 예산 짜기

수입		지출	
고정 수입		고정 지출	
사업 수입		생활비 지출	
부수입		사업 지출	
금융 수입		기타 지출	
저축		투자	
예금			
적금			
파킹 통장			

FIXED EXPENSES 고정 지출 모아보기

고정 지출

내용	금액	결제일	결제계좌

INCOME FLOW 수입 흐름도

수입

구분	내용	금액
○		
○		
○		
○		
○		
○		
○		
○		
○		
○		
○		

SAVING 저축 모아보기

저축

금리	내용	금액

INVESTMENT 투자 모아보기

투자

구분	종목명	금액

지출

구분	내용	금액
○		
○		
○		
○		
○		
○		
○		
○		
○		
○		
○		
○		
○		
○		
○		

저축

구분	내용	금액	납입일
○			
○			
○			
○			
○			
○			
○			

투자

구분	종목명	금액	거래일
○			
○			
○			
○			
○			
○			
○			

CHECKLIST 체크리스트

BANK ACCOUNT 통장 쪼개기

통장	금액	용도

EXPENSE 지출 기록

지출 구분	날짜	내용	실 지출 금액	할인받은 금액/방법	지출 수단
○					
○					
○					
○					
○					
○					
○					
○					
○					
○					
○					
○					
○					
○					
○					
○					
○					
○					
○					
○					
○					
○					
○					
○					

INCOME 수입 기록

수입

구분	날짜	내용	금액
◯			
◯			
◯			
◯			
◯			
◯			
◯			
◯			
◯			
◯			
◯			
◯			

ANALYTICS 이번주 통계

수입

지출

저축

투자

AMOUNT 카드별 채워야 하는 실적

구분	카드명	금액
◯		
◯		
◯		
◯		
◯		
◯		
◯		
◯		

INVESTMENT 투자 기록

투자

구분	날짜	종목명	금액
◯			
◯			
◯			
◯			
◯			
◯			
◯			
◯			

SAVING 저축 기록

저축

날짜	내용	납입 금액

EXPENSE 지출 기록

지출

구분	날짜	내용	실 지출 금액	할인받은 금액/방법	지출 수단
○					
○					
○					
○					
○					
○					
○					
○					
○					
○					
○					
○					
○					
○					
○					
○					
○					
○					
○					
○					
○					
○					
○					
○					

INCOME 수입 기록

수입

구분	날짜	내용	금액
○			
○			
○			
○			
○			
○			
○			
○			
○			
○			
○			
○			

ANALYTICS 이번주 통계

수입

지출

저축

투자

AMOUNT 카드별 채워야 하는 실적

구분	카드명	금액
○		
○		
○		
○		
○		
○		
○		
○		
○		

INVESTMENT 투자 기록

투자

구분	날짜	종목명	금액
○			
○			
○			
○			
○			
○			
○			
○			

SAVING 저축 기록

저축

날짜	내용	납입 금액

ACTION 매일 기록하기

EXPENSE 지출 기록

지출

구분	날짜	내용	실 지출 금액	할인받은 금액/방법	지출 수단
○					
○					
○					
○					
○					
○					
○					
○					
○					
○					
○					
○					
○					
○					
○					
○					
○					
○					
○					
○					
○					
○					
○					

INCOME 수입 기록

수입

구분	날짜	내용	금액
○			
○			
○			
○			
○			
○			
○			
○			
○			
○			
○			
○			

ANALYTICS 이번주 통계

수입

지출

저축

투자

AMOUNT 카드별 채워야 하는 실적

구분	카드명	금액
○		
○		
○		
○		
○		
○		
○		
○		

INVESTMENT 투자 기록

투자

구분	날짜	종목명	금액
○			
○			
○			
○			
○			
○			
○			
○			

SAVING 저축 기록

저축

날짜	내용	납입 금액

ACTION 매일 기록하기

EXPENSE 지출 기록

지출

구분	날짜	내용	실 지출 금액	할인받은 금액/방법	지출 수단
○					
○					
○					
○					
○					
○					
○					
○					
○					
○					
○					
○					
○					
○					
○					
○					
○					
○					
○					
○					
○					
○					
○					
○					

INCOME 수입 기록

수입

구분	날짜	내용	금액
○			
○			
○			
○			
○			
○			
○			
○			
○			
○			
○			
○			

ANALYTICS 이번주 통계

수입	
지출	
저축	
투자	

AMOUNT 카드별 채워야 하는 실적

구분	카드명	금액
○		
○		
○		
○		
○		
○		
○		
○		
○		

INVESTMENT 투자 기록

투자

구분	날짜	종목명	금액
○			
○			
○			
○			
○			
○			
○			
○			

SAVING 저축 기록

저축

날짜	내용	납입 금액

REPORT 이번 달 회고하기

STATISTIC 통계

수입		지출	
고정 수입		고정 지출	
사업 수입		생활비 지출	
부수입		사업 지출	
금융 수입		기타 지출	
저축		투자	
예금			
적금			
파킹 통장			

EXPENSE 카테고리별 생활비 지출 모아보기

생활비 지출

카테고리	금액	비고

INCOME FLOW 수입 흐름도

수입

구분	내용	금액
◯		
◯		
◯		
◯		
◯		
◯		
◯		
◯		
◯		
◯		

SAVING 저축 모아보기

저축

금리	내용	금액

INVESTMENT 투자 모아보기

투자

구분	종목명	금액

지출

구분	내용	금액
○		
○		
○		
○		
○		
○		
○		
○		
○		
○		
○		
○		
○		
○		
○		

저축

구분	내용	금액	납입일
○			
○			
○			
○			
○			
○			
○			

투자

구분	종목명	금액	거래일
○			
○			
○			
○			
○			
○			
○			
○			

REVIEW 돌아보기

PLAN 이번 달 계획하기

BUDJET 예산 짜기

수입		지출	
고정 수입		고정 지출	
사업 수입		생활비 지출	
부수입		사업 지출	
금융 수입		기타 지출	
저축		투자	
예금			
적금			
파킹 통장			

FIXED EXPENSES 고정 지출 모아보기

고정 지출

내용	금액	결제일	결제계좌

INCOME FLOW 수입 흐름도

수입

구분	내용	금액
○		
○		
○		
○		
○		
○		
○		
○		
○		
○		

SAVING 저축 모아보기

저축

금리	내용	금액

INVESTMENT 투자 모아보기

투자

구분	종목명	금액

242

지출

구분	내용	금액
○		
○		
○		
○		
○		
○		
○		
○		
○		
○		
○		
○		
○		
○		
○		
○		

저축

구분	내용	금액	납입일
○			
○			
○			
○			
○			
○			
○			

투자

구분	종목명	금액	거래일
○			
○			
○			
○			
○			
○			

CHECKLIST 체크리스트

BANK ACCOUNT 통장 쪼개기

통장	금액	용도

EXPENSE 지출 기록

지출

구분	날짜	내용	실 지출 금액	할인받은 금액/방법	지출 수단
○					
○					
○					
○					
○					
○					
○					
○					
○					
○					
○					
○					
○					
○					
○					
○					
○					
○					
○					
○					
○					
○					
○					
○					

INCOME 수입 기록

수입

구분	날짜	내용	금액
○			
○			
○			
○			
○			
○			
○			
○			
○			
○			
○			
○			

ANALYTICS 이번주 통계

수입

지출

저축

투자

AMOUNT 카드별 채워야 하는 실적

구분	카드명	금액
○		
○		
○		
○		
○		
○		
○		
○		

INVESTMENT 투자 기록

투자

구분	날짜	종목명	금액
○			
○			
○			
○			
○			
○			
○			
○			

SAVING 저축 기록

저축

날짜	내용	납입 금액

ACTION 매일 기록하기

EXPENSE 지출 기록

지출

구분	날짜	내용	실 지출 금액	할인받은 금액/방법	지출 수단
◯					
◯					
◯					
◯					
◯					
◯					
◯					
◯					
◯					
◯					
◯					
◯					
◯					
◯					
◯					
◯					
◯					
◯					
◯					
◯					
◯					
◯					
◯					
◯					
◯					

INCOME 수입 기록

수입

구분	날짜	내용	금액
○			
○			
○			
○			
○			
○			
○			
○			
○			
○			
○			
○			
○			

ANALYTICS 이번주 통계

수입

지출

저축

투자

AMOUNT 카드별 채워야 하는 실적

구분	카드명	금액
○		
○		
○		
○		
○		
○		
○		
○		

INVESTMENT 투자 기록

투자

구분	날짜	종목명	금액
○			
○			
○			
○			
○			
○			
○			
○			

SAVING 저축 기록

저축

날짜	내용	납입 금액

ACTION 매일 기록하기

1st 2nd 3rd 4th

EXPENSE 지출 기록

지출

구분	날짜	내용	실 지출 금액	할인받은 금액/방법	지출 수단
○					
○					
○					
○					
○					
○					
○					
○					
○					
○					
○					
○					
○					
○					
○					
○					
○					
○					
○					
○					
○					
○					
○					
○					

INCOME 수입 기록

수입

구분	날짜	내용	금액
○			
○			
○			
○			
○			
○			
○			
○			
○			
○			
○			
○			

ANALYTICS 이번주 통계

수입

지출

저축

투자

AMOUNT 카드별 채워야 하는 실적

구분	카드명	금액
○		
○		
○		
○		
○		
○		
○		
○		

INVESTMENT 투자 기록

투자

구분	날짜	종목명	금액
○			
○			
○			
○			
○			
○			
○			
○			

SAVING 저축 기록

저축

날짜	내용	납입 금액

ACTION 매일 기록하기

EXPENSE 지출 기록

지출

구분	날짜	내용	실 지출 금액	할인받은 금액/방법	지출 수단
○					
○					
○					
○					
○					
○					
○					
○					
○					
○					
○					
○					
○					
○					
○					
○					
○					
○					
○					
○					
○					
○					
○					
○					

INCOME 수입 기록

수입

구분	날짜	내용	금액
○			
○			
○			
○			
○			
○			
○			
○			
○			
○			
○			
○			

ANALYTICS 이번주 통계

수입

지출

저축

투자

AMOUNT 카드별 채워야 하는 실적

구분	카드명	금액
○		
○		
○		
○		
○		
○		
○		
○		
○		

INVESTMENT 투자 기록

투자

구분	날짜	종목명	금액
○			
○			
○			
○			
○			
○			
○			
○			

SAVING 저축 기록

저축

날짜	내용	납입 금액

REPORT 이번 달 회고하기

STATISTIC 통계

수입		지출	
고정 수입		고정 지출	
사업 수입		생활비 지출	
부수입		사업 지출	
금융 수입		기타 지출	
저축		투자	
예금			
적금			
파킹 통장			

EXPENSE 카테고리별 생활비 지출 모아보기

생활비 지출

카테고리	금액	비고

INCOME FLOW 수입 흐름도

수입

구분	내용	금액
○		
○		
○		
○		
○		
○		
○		
○		
○		
○		

SAVING 저축 모아보기

저축

금리	내용	금액

INVESTMENT 투자 모아보기

투자

구분	종목명	금액

지출

구분	내용	금액
○		
○		
○		
○		
○		
○		
○		
○		
○		
○		
○		
○		
○		
○		

저축

구분	내용	금액	납입일
○			
○			
○			
○			
○			
○			

투자

구분	종목명	금액	거래일
○			
○			
○			
○			
○			
○			
○			

REVIEW 돌아보기

PLAN 이번달 계획하기

BUDJET 예산 짜기

수입		지출	
고정 수입		고정 지출	
사업 수입		생활비 지출	
부수입		사업 지출	
금융 수입		기타 지출	
저축		투자	
예금			
적금			
파킹 통장			

FIXED EXPENSES 고정 지출 모아보기

고정 지출

내용	금액	결제일	결제계좌

INCOME FLOW 수입 흐름도

수입

구분	내용	금액
○		
○		
○		
○		
○		
○		
○		
○		
○		
○		

SAVING 저축 모아보기

저축

금리	내용	금액

INVESTMENT 투자 모아보기

투자

구분	종목명	금액

지출			저축			
구분	내용	금액	구분	내용	금액	납입일
○			○			
○			○			
○			○			
○			○			
○			○			
○			○			
○			○			

			투자			
구분			구분	종목명	금액	거래일
○			○			
○			○			
○			○			
○			○			
○			○			
○			○			
○			○			

CHECKLIST 체크리스트

BANK ACCOUNT 통장 쪼개기

통장	금액	용도

ACTION 매일 기록하기

EXPENSE 지출 기록

지출

구분	날짜	내용	실 지출 금액	할인받은 금액/방법	지출 수단
○					
○					
○					
○					
○					
○					
○					
○					
○					
○					
○					
○					
○					
○					
○					
○					
○					
○					
○					
○					
○					
○					
○					
○					

INCOME 수입 기록

수입

구분	날짜	내용	금액
◯			
◯			
◯			
◯			
◯			
◯			
◯			
◯			
◯			
◯			
◯			
◯			

ANALYTICS 이번주 통계

수입

지출

저축

투자

AMOUNT 카드별 채워야 하는 실적

구분	카드명	금액
◯		
◯		
◯		
◯		
◯		
◯		
◯		
◯		

INVESTMENT 투자 기록

투자

구분	날짜	종목명	금액
◯			
◯			
◯			
◯			
◯			
◯			
◯			
◯			

SAVING 저축 기록

저축

날짜	내용	납입 금액

ACTION 매일 기록하기

EXPENSE 지출 기록

지출

구분	날짜	내용	실 지출 금액	할인받은 금액/방법	지출 수단
○					
○					
○					
○					
○					
○					
○					
○					
○					
○					
○					
○					
○					
○					
○					
○					
○					
○					
○					
○					
○					
○					
○					
○					

INCOME 수입 기록

수입

구분	날짜	내용	금액
◯			
◯			
◯			
◯			
◯			
◯			
◯			
◯			
◯			
◯			
◯			
◯			

ANALYTICS 이번주 통계

수입	
지출	
저축	
투자	

AMOUNT 카드별 채워야 하는 실적

구분	카드명	금액
◯		
◯		
◯		
◯		
◯		
◯		
◯		
◯		
◯		

INVESTMENT 투자 기록

투자

구분	날짜	종목명	금액
◯			
◯			
◯			
◯			
◯			
◯			
◯			
◯			

SAVING 저축 기록

저축

날짜	내용	납입 금액

ACTION 매일 기록하기

EXPENSE 지출 기록

지출

구분	날짜	내용	실 지출 금액	할인받은 금액/방법	지출 수단
○					
○					
○					
○					
○					
○					
○					
○					
○					
○					
○					
○					
○					
○					
○					
○					
○					
○					
○					
○					
○					
○					
○					
○					

INCOME 수입 기록

수입

구분	날짜	내용	금액
◯			
◯			
◯			
◯			
◯			
◯			
◯			
◯			
◯			
◯			
◯			

ANALYTICS 이번주 통계

수입

지출

저축

투자

AMOUNT 카드별 채워야 하는 실적

구분	카드명	금액
◯		
◯		
◯		
◯		
◯		
◯		
◯		
◯		

INVESTMENT 투자 기록

투자

구분	날짜	종목명	금액
◯			
◯			
◯			
◯			
◯			
◯			
◯			
◯			

SAVING 저축 기록

저축

날짜	내용	납입 금액

ACTION 매일 기록하기

EXPENSE 지출 기록

지출

구분	날짜	내용	실 지출 금액	할인받은 금액/방법	지출 수단
○					
○					
○					
○					
○					
○					
○					
○					
○					
○					
○					
○					
○					
○					
○					
○					
○					
○					
○					
○					
○					
○					
○					
○					
○					

INCOME 수입 기록

수입

구분	날짜	내용	금액
○			
○			
○			
○			
○			
○			
○			
○			
○			
○			
○			
○			

ANALYTICS 이번주 통계

수입

지출

저축

투자

AMOUNT 카드별 채워야 하는 실적

구분	카드명	금액
○		
○		
○		
○		
○		
○		
○		
○		

INVESTMENT 투자 기록

투자

구분	날짜	종목명	금액
○			
○			
○			
○			
○			
○			
○			
○			

SAVING 저축 기록

저축

날짜	내용	납입 금액

REPORT 이번 달 회고하기

STATISTIC 통계

수입		지출	
고정 수입		고정 지출	
사업 수입		생활비 지출	
부수입		사업 지출	
금융 수입		기타 지출	
저축		투자	
예금			
적금			
파킹 통장			

EXPENSE 카테고리별 생활비 지출 모아보기

생활비 지출

카테고리	금액	비고

INCOME FLOW 수입 흐름도

수입

구분	내용	금액
○		
○		
○		
○		
○		
○		
○		
○		
○		
○		

SAVING 저축 모아보기

저축

금리	내용	금액

INVESTMENT 투자 모아보기

투자

구분	종목명	금액

지출			저축			
구분	내용	금액	구분	내용	금액	납입일
○			○			
○			○			
○			○			
○			○			
○			○			
○			○			
○			○			

			투자			
○			구분	종목명	금액	거래일
○			○			
○			○			
○			○			
○			○			
○			○			
○			○			
○			○			

REVIEW 돌아보기

PLAN 이번 달 계획하기

BUDJET 예산 짜기

수입		지출	
고정 수입		고정 지출	
사업 수입		생활비 지출	
부수입		사업 지출	
금융 수입		기타 지출	
저축		투자	
예금			
적금			
파킹 통장			

FIXED EXPENSES 고정 지출 모아보기

고정 지출

내용	금액	결제일	결제계좌

INCOME FLOW 수입 흐름도

수입

구분	내용	금액
○		
○		
○		
○		
○		
○		
○		
○		
○		
○		

SAVING 저축 모아보기

저축

금리	내용	금액

INVESTMENT 투자 모아보기

투자

구분	종목명	금액

지출

구분	내용	금액
○		
○		
○		
○		
○		
○		
○		
○		
○		
○		
○		
○		
○		
○		
○		

저축

구분	내용	금액	납입일
○			
○			
○			
○			
○			
○			
○			

투자

구분	종목명	금액	거래일
○			
○			
○			
○			
○			
○			
○			

CHECKLIST 체크리스트

BANK ACCOUNT 통장 쪼개기

통장	금액	용도

ACTION 매일 기록하기

EXPENSE 지출 기록

지출

구분	날짜	내용	실 지출 금액	할인받은 금액/방법	지출 수단
○					
○					
○					
○					
○					
○					
○					
○					
○					
○					
○					
○					
○					
○					
○					
○					
○					
○					
○					
○					
○					
○					
○					

INCOME 수입 기록

수입

구분	날짜	내용	금액
○			
○			
○			
○			
○			
○			
○			
○			
○			
○			
○			
○			

ANALYTICS 이번주 통계

수입

지출

저축

투자

AMOUNT 카드별 채워야 하는 실적

구분	카드명	금액
○		
○		
○		
○		
○		
○		
○		
○		
○		

INVESTMENT 투자 기록

투자

구분	날짜	종목명	금액
○			
○			
○			
○			
○			
○			
○			
○			

SAVING 저축 기록

저축

날짜	내용	납입 금액

ACTION 매일 기록하기

EXPENSE 지출 기록

지출

구분	날짜	내용	실 지출 금액	할인받은 금액/방법	지출 수단
○					
○					
○					
○					
○					
○					
○					
○					
○					
○					
○					
○					
○					
○					
○					
○					
○					
○					
○					
○					
○					
○					
○					

INCOME 수입 기록

수입

구분	날짜	내용	금액
○			
○			
○			
○			
○			
○			
○			
○			
○			
○			
○			
○			

ANALYTICS 이번주 통계

수입

지출

저축

투자

AMOUNT 카드별 채워야 하는 실적

구분	카드명	금액
○		
○		
○		
○		
○		
○		
○		
○		

INVESTMENT 투자 기록

투자

구분	날짜	종목명	금액
○			
○			
○			
○			
○			
○			
○			
○			

SAVING 저축 기록

저축

날짜	내용	납입 금액

ACTION 매일 기록하기

1st 2nd 3rd 4th

EXPENSE 지출 기록

지출 구분	날짜	내용	실 지출 금액	할인받은 금액/방법	지출 수단
○					
○					
○					
○					
○					
○					
○					
○					
○					
○					
○					
○					
○					
○					
○					
○					
○					
○					
○					
○					
○					
○					

INCOME 수입 기록

수입

구분	날짜	내용	금액
○			
○			
○			
○			
○			
○			
○			
○			
○			
○			
○			
○			

ANALYTICS 이번주 통계

수입

지출

저축

투자

AMOUNT 카드별 채워야 하는 실적

구분	카드명	금액
○		
○		
○		
○		
○		
○		
○		
○		

INVESTMENT 투자 기록

투자

구분	날짜	종목명	금액
○			
○			
○			
○			
○			
○			
○			
○			

SAVING 저축 기록

저축

날짜	내용	납입 금액

EXPENSE 지출 기록

지출

구분	날짜	내용	실 지출 금액	할인받은 금액/방법	지출 수단
○					
○					
○					
○					
○					
○					
○					
○					
○					
○					
○					
○					
○					
○					
○					
○					
○					
○					
○					
○					
○					
○					
○					
○					

INCOME 수입 기록

수입

구분	날짜	내용	금액
○			
○			
○			
○			
○			
○			
○			
○			
○			
○			
○			
○			

ANALYTICS 이번주 통계

수입

지출

저축

투자

AMOUNT 카드별 채워야 하는 실적

구분	카드명	금액
○		
○		
○		
○		
○		
○		
○		
○		

INVESTMENT 투자 기록

투자

구분	날짜	종목명	금액
○			
○			
○			
○			
○			
○			
○			
○			

SAVING 저축 기록

저축

날짜	내용	납입 금액

REPORT 이번 달 회고하기

STATISTIC 통계

수입		지출	
고정 수입		고정 지출	
사업 수입		생활비 지출	
부수입		사업 지출	
금융 수입		기타 지출	
저축		투자	
예금			
적금			
파킹 통장			

EXPENSE 카테고리별 생활비 지출 모아보기

생활비 지출

카테고리	금액	비고

INCOME FLOW 수입 흐름도

수입

구분	내용	금액
○		
○		
○		
○		
○		
○		
○		
○		
○		
○		

SAVING 저축 모아보기

저축

금리	내용	금액

INVESTMENT 투자 모아보기

투자

구분	종목명	금액

지출

구분	내용	금액
◯		
◯		
◯		
◯		
◯		
◯		
◯		
◯		
◯		
◯		
◯		
◯		
◯		
◯		
◯		
◯		

저축

구분	내용	금액	납입일
◯			
◯			
◯			
◯			
◯			
◯			

투자

구분	종목명	금액	거래일
◯			
◯			
◯			
◯			
◯			
◯			
◯			

REVIEW 돌아보기

PLAN 이번 달 계획하기

BUDJET 예산짜기

수입	지출
고정 수입	고정 지출
사업 수입	생활비 지출
부수입	사업 지출
금융 수입	기타 지출
저축	투자
예금	
적금	
파킹 통장	

FIXED EXPENSES 고정 지출 모아보기

고정 지출

내용	금액	결제일	결제계좌

INCOME FLOW 수입 흐름도

수입

구분	내용	금액
○		
○		
○		
○		
○		
○		
○		
○		
○		
○		

SAVING 저축 모아보기

저축

금리	내용	금액

INVESTMENT 투자 모아보기

투자

구분	종목명	금액

지출

구분	내용	금액
○		
○		
○		
○		
○		
○		
○		
○		
○		
○		
○		
○		
○		
○		
○		
○		

저축

구분	내용	금액	납입일
○			
○			
○			
○			
○			
○			
○			

투자

구분	종목명	금액	거래일
○			
○			
○			
○			
○			
○			
○			

CHECKLIST 체크리스트

BANK ACCOUNT 통장 쪼개기

통장	금액	용도

279

EXPENSE 지출 기록

지출

구분	날짜	내용	실 지출 금액	할인받은 금액/방법	지출 수단
○					
○					
○					
○					
○					
○					
○					
○					
○					
○					
○					
○					
○					
○					
○					
○					
○					
○					
○					
○					
○					
○					
○					
○					

INCOME 수입 기록

수입

구분	날짜	내용	금액
○			
○			
○			
○			
○			
○			
○			
○			
○			
○			
○			
○			

ANALYTICS 이번주 통계

수입

지출

저축

투자

AMOUNT 카드별 채워야 하는 실적

구분	카드명	금액
○		
○		
○		
○		
○		
○		
○		
○		

INVESTMENT 투자 기록

투자

구분	날짜	종목명	금액
○			
○			
○			
○			
○			
○			
○			
○			

SAVING 저축 기록

저축

날짜	내용	납입 금액

EXPENSE 지출 기록

지출

구분	날짜	내용	실 지출 금액	할인받은 금액/방법	지출 수단
○					
○					
○					
○					
○					
○					
○					
○					
○					
○					
○					
○					
○					
○					
○					
○					
○					
○					
○					
○					
○					
○					
○					
○					

INCOME 수입 기록

수입

구분	날짜	내용	금액
○			
○			
○			
○			
○			
○			
○			
○			
○			
○			
○			
○			

ANALYTICS 이번주 통계

수입

지출

저축

투자

AMOUNT 카드별 채워야 하는 실적

구분	카드명	금액
○		
○		
○		
○		
○		
○		
○		
○		
○		

INVESTMENT 투자 기록

투자

구분	날짜	종목명	금액
○			
○			
○			
○			
○			
○			
○			
○			

SAVING 저축 기록

저축

날짜	내용	납입 금액

ACTION 매일 기록하기

EXPENSE 지출 기록

지출

구분	날짜	내용	실 지출 금액	할인받은 금액/방법	지출 수단
○					
○					
○					
○					
○					
○					
○					
○					
○					
○					
○					
○					
○					
○					
○					
○					
○					
○					
○					
○					
○					
○					
○					
○					

INCOME 수입 기록

수입

구분	날짜	내용	금액
○			
○			
○			
○			
○			
○			
○			
○			
○			
○			
○			
○			

ANALYTICS 이번주 통계

수입

지출

저축

투자

AMOUNT 카드별 채워야 하는 실적

구분	카드명	금액
○		
○		
○		
○		
○		
○		
○		
○		

INVESTMENT 투자 기록

투자

구분	날짜	종목명	금액
○			
○			
○			
○			
○			
○			
○			
○			

SAVING 저축 기록

저축

날짜	내용	납입 금액

ACTION 매일 기록하기

EXPENSE 지출 기록

지출

구분	날짜	내용	실 지출 금액	할인받은 금액/방법	지출 수단
○					
○					
○					
○					
○					
○					
○					
○					
○					
○					
○					
○					
○					
○					
○					
○					
○					
○					
○					
○					
○					
○					
○					

INCOME 수입 기록

수입

구분	날짜	내용	금액
○			
○			
○			
○			
○			
○			
○			
○			
○			
○			
○			
○			

ANALYTICS 이번주 통계

수입

지출

저축

투자

AMOUNT 카드별 채워야 하는 실적

구분	카드명	금액
○		
○		
○		
○		
○		
○		
○		
○		

INVESTMENT 투자 기록

투자

구분	날짜	종목명	금액
○			
○			
○			
○			
○			
○			
○			
○			

SAVING 저축 기록

저축

날짜	내용	납입 금액

REPORT 이번 달 회고하기

STATISTIC 통계

수입		지출	
고정 수입		고정 지출	
사업 수입		생활비 지출	
부수입		사업 지출	
금융 수입		기타 지출	
저축		투자	
예금			
적금			
파킹 통장			

EXPENSE 카테고리별 생활비 지출 모아보기

생활비 지출

카테고리	금액	비고

INCOME FLOW 수입 흐름도

수입

구분	내용	금액
○		
○		
○		
○		
○		
○		
○		
○		
○		
○		

SAVING 저축 모아보기

저축

금리	내용	금액

INVESTMENT 투자 모아보기

투자

구분	종목명	금액

지출			저축			
구분	내용	금액	구분	내용	금액	납입일
◯			◯			
◯			◯			
◯			◯			
◯			◯			
◯			◯			
◯			◯			
◯			◯			

지출			투자			
구분	내용	금액	구분	종목명	금액	거래일
◯			◯			
◯			◯			
◯			◯			
◯			◯			
◯			◯			
◯			◯			
◯			◯			

REVIEW 돌아보기

PLAN 이번 달 계획하기

BUDJET 예산 짜기

수입		지출	
고정 수입		고정 지출	
사업 수입		생활비 지출	
부수입		사업 지출	
금융 수입		기타 지출	
저축		투자	
예금			
적금			
파킹 통장			

FIXED EXPENSES 고정 지출 모아보기

고정 지출

내용	금액	결제일	결제계좌

INCOME FLOW 수입 흐름도

수입

구분	내용	금액
○		
○		
○		
○		
○		
○		
○		
○		
○		
○		

SAVING 저축 모아보기

저축

금리	내용	금액

INVESTMENT 투자 모아보기

투자

구분	종목명	금액

지출

구분	내용	금액
○		
○		
○		
○		
○		
○		
○		
○		
○		
○		
○		
○		
○		
○		
○		
○		

저축

구분	내용	금액	납입일
○			
○			
○			
○			
○			
○			
○			

투자

구분	종목명	금액	거래일
○			
○			
○			
○			
○			
○			
○			

CHECKLIST 체크리스트

BANK ACCOUNT 통장 쪼개기

통장	금액	용도

ACTION 매일 기록하기

1st 2nd 3rd 4th

EXPENSE 지출 기록

지출

구분	날짜	내용	실 지출 금액	할인받은 금액/방법	지출 수단
○					
○					
○					
○					
○					
○					
○					
○					
○					
○					
○					
○					
○					
○					
○					
○					
○					
○					
○					
○					
○					
○					
○					
○					

INCOME 수입 기록

수입

구분	날짜	내용	금액
○			
○			
○			
○			
○			
○			
○			
○			
○			
○			
○			
○			

ANALYTICS 이번주 통계

수입

지출

저축

투자

AMOUNT 카드별 채워야 하는 실적

구분	카드명	금액
○		
○		
○		
○		
○		
○		
○		
○		

INVESTMENT 투자 기록

투자

구분	날짜	종목명	금액
○			
○			
○			
○			
○			
○			
○			
○			

SAVING 저축 기록

저축

날짜	내용	납입 금액

ACTION 매일 기록하기

EXPENSE 지출 기록

지출

구분	날짜	내용	실 지출 금액	할인받은 금액/방법	지출 수단
○					
○					
○					
○					
○					
○					
○					
○					
○					
○					
○					
○					
○					
○					
○					
○					
○					
○					
○					
○					
○					
○					
○					

INCOME 수입 기록

수입

구분	날짜	내용	금액
○			
○			
○			
○			
○			
○			
○			
○			
○			
○			
○			
○			

ANALYTICS 이번주 통계

수입

지출

저축

투자

AMOUNT 카드별 채워야 하는 실적

구분	카드명	금액
○		
○		
○		
○		
○		
○		
○		
○		
○		

INVESTMENT 투자 기록

투자

구분	날짜	종목명	금액
○			
○			
○			
○			
○			
○			
○			
○			

SAVING 저축 기록

저축

날짜	내용	납입 금액

ACTION 매일 기록하기

EXPENSE 지출 기록

지출

구분	날짜	내용	실 지출 금액	할인받은 금액/방법	지출 수단
◯					
◯					
◯					
◯					
◯					
◯					
◯					
◯					
◯					
◯					
◯					
◯					
◯					
◯					
◯					
◯					
◯					
◯					
◯					
◯					
◯					
◯					
◯					
◯					
◯					
◯					

INCOME 수입 기록

수입

구분	날짜	내용	금액
◯			
◯			
◯			
◯			
◯			
◯			
◯			
◯			
◯			
◯			
◯			
◯			

ANALYTICS 이번주 통계

수입

지출

저축

투자

AMOUNT 카드별 채워야 하는 실적

구분	카드명	금액
◯		
◯		
◯		
◯		
◯		
◯		
◯		

INVESTMENT 투자 기록

투자

구분	날짜	종목명	금액
◯			
◯			
◯			
◯			
◯			
◯			
◯			
◯			

SAVING 저축 기록

저축

날짜	내용	납입 금액

ACTION 매일 기록하기

EXPENSE 지출 기록

지출

구분	날짜	내용	실 지출 금액	할인받은 금액/방법	지출 수단
○					
○					
○					
○					
○					
○					
○					
○					
○					
○					
○					
○					
○					
○					
○					
○					
○					
○					
○					
○					
○					
○					
○					
○					
○					

INCOME 수입 기록

수입

구분	날짜	내용	금액
◯			
◯			
◯			
◯			
◯			
◯			
◯			
◯			
◯			
◯			
◯			
◯			

ANALYTICS 이번주 통계

수입

지출

저축

투자

AMOUNT 카드별 채워야 하는 실적

구분	카드명	금액
◯		
◯		
◯		
◯		
◯		
◯		
◯		
◯		

INVESTMENT 투자 기록

투자

구분	날짜	종목명	금액
◯			
◯			
◯			
◯			
◯			
◯			
◯			
◯			

SAVING 저축 기록

저축

날짜	내용	납입 금액

REPORT 이번 달 회고하기

STATISTIC 통계

수입		지출	
고정 수입		고정 지출	
사업 수입		생활비 지출	
부수입		사업 지출	
금융 수입		기타 지출	

저축		투자	
예금			
적금			
파킹 통장			

EXPENSE 카테고리별 생활비 지출 모아보기

생활비 지출

카테고리	금액	비고

INCOME FLOW 수입 흐름도

수입

구분	내용	금액
○		
○		
○		
○		
○		
○		
○		
○		
○		
○		

SAVING 저축 모아보기

저축

금리	내용	금액

INVESTMENT 투자 모아보기

투자

구분	종목명	금액

지출			저축			
구분	내용	금액	구분	내용	금액	납입일
○			○			
○			○			
○			○			
○			○			
○			○			
○			○			
○			○			

투자			
구분	종목명	금액	거래일

지출			투자			
○			○			
○			○			
○			○			
○			○			
○			○			
○			○			
○			○			

REVIEW 돌아보기

PLAN 이번 달 계획하기

BUDJET 예산 짜기

수입		지출	
고정 수입		고정 지출	
사업 수입		생활비 지출	
부수입		사업 지출	
금융 수입		기타 지출	
저축		투자	
예금			
적금			
파킹 통장			

FIXED EXPENSES 고정 지출 모아보기

고정 지출

내용	금액	결제일	결제계좌

INCOME FLOW 수입 흐름도

수입

구분	내용	금액
○		
○		
○		
○		
○		
○		
○		
○		
○		
○		
○		

SAVING 저축 모아보기

저축

금리	내용	금액

INVESTMENT 투자 모아보기

투자

구분	종목명	금액

지출

구분	내용	금액
○		
○		
○		
○		
○		
○		
○		
○		
○		
○		
○		
○		
○		
○		
○		
○		

저축

구분	내용	금액	납입일
○			
○			
○			
○			
○			
○			

투자

구분	종목명	금액	거래일
○			
○			
○			
○			
○			
○			
○			

CHECKLIST 체크리스트

BANK ACCOUNT 통장 쪼개기

통장	금액	용도

ACTION 매일 기록하기

EXPENSE 지출 기록

지출

구분	날짜	내용	실 지출 금액	할인받은 금액/방법	지출 수단
○					
○					
○					
○					
○					
○					
○					
○					
○					
○					
○					
○					
○					
○					
○					
○					
○					
○					
○					
○					
○					
○					
○					
○					

INCOME 수입 기록

수입

구분	날짜	내용	금액
○			
○			
○			
○			
○			
○			
○			
○			
○			
○			
○			
○			

ANALYTICS 이번주 통계

수입

지출

저축

투자

AMOUNT 카드별 채워야 하는 실적

구분	카드명	금액
○		
○		
○		
○		
○		
○		
○		
○		

INVESTMENT 투자 기록

투자

구분	날짜	종목명	금액
○			
○			
○			
○			
○			
○			
○			
○			

SAVING 저축 기록

저축

날짜	내용	납입 금액

ACTION 매일 기록하기

EXPENSE 지출 기록

지출 구분	날짜	내용	실 지출 금액	할인받은 금액/방법	지출 수단
○					
○					
○					
○					
○					
○					
○					
○					
○					
○					
○					
○					
○					
○					
○					
○					
○					
○					
○					
○					
○					
○					
○					
○					
○					

306

INCOME 수입 기록

수입

구분	날짜	내용	금액
○			
○			
○			
○			
○			
○			
○			
○			
○			
○			
○			
○			

ANALYTICS 이번주 통계

수입

지출

저축

투자

AMOUNT 카드별 채워야 하는 실적

구분	카드명	금액
○		
○		
○		
○		
○		
○		
○		
○		

INVESTMENT 투자 기록

투자

구분	날짜	종목명	금액
○			
○			
○			
○			
○			
○			
○			
○			

SAVING 저축 기록

저축

날짜	내용	납입 금액

ACTION 매일 기록하기

EXPENSE 지출 기록

지출

구분	날짜	내용	실 지출 금액	할인받은 금액/방법	지출 수단
○					
○					
○					
○					
○					
○					
○					
○					
○					
○					
○					
○					
○					
○					
○					
○					
○					
○					
○					
○					
○					
○					
○					
○					

INCOME 수입 기록

수입

구분	날짜	내용	금액
◯			
◯			
◯			
◯			
◯			
◯			
◯			
◯			
◯			
◯			
◯			
◯			

ANALYTICS 이번주 통계

수입	
지출	
저축	
투자	

AMOUNT 카드별 채워야 하는 실적

구분	카드명	금액
◯		
◯		
◯		
◯		
◯		
◯		
◯		
◯		

INVESTMENT 투자 기록

투자

구분	날짜	종목명	금액
◯			
◯			
◯			
◯			
◯			
◯			
◯			
◯			

SAVING 저축 기록

저축

날짜	내용	납입 금액

ACTION 매일 기록하기

EXPENSE 지출 기록

지출

구분	날짜	내용	실 지출 금액	할인받은 금액/방법	지출 수단
○					
○					
○					
○					
○					
○					
○					
○					
○					
○					
○					
○					
○					
○					
○					
○					
○					
○					
○					
○					
○					
○					
○					

INCOME 수입 기록

수입

구분	날짜	내용	금액
○			
○			
○			
○			
○			
○			
○			
○			
○			
○			
○			
○			

ANALYTICS 이번주 통계

수입

지출

저축

투자

AMOUNT 카드별 채워야 하는 실적

구분	카드명	금액
○		
○		
○		
○		
○		
○		
○		
○		

INVESTMENT 투자 기록

투자

구분	날짜	종목명	금액
○			
○			
○			
○			
○			
○			
○			
○			

SAVING 저축 기록

저축

날짜	내용	납입 금액

REPORT 이번 달 회고하기

STATISTIC 통계

수입		지출	
고정 수입		고정 지출	
사업 수입		생활비 지출	
부수입		사업 지출	
금융 수입		기타 지출	
저축		투자	
예금			
적금			
파킹 통장			

EXPENSE 카테고리별 생활비 지출 모아보기

생활비 지출

카테고리	금액	비고

INCOME FLOW 수입 흐름도

수입

구분	내용	금액
○		
○		
○		
○		
○		
○		
○		
○		
○		
○		

SAVING 저축 모아보기

저축

금리	내용	금액

INVESTMENT 투자 모아보기

투자

구분	종목명	금액

지출

구분	내용	금액
◯		
◯		
◯		
◯		
◯		
◯		
◯		
◯		
◯		
◯		
◯		
◯		
◯		
◯		
◯		

저축

구분	내용	금액	납입일
◯			
◯			
◯			
◯			
◯			
◯			
◯			

투자

구분	종목명	금액	거래일
◯			
◯			
◯			
◯			
◯			
◯			
◯			

REVIEW 돌아보기

ANNUAL 연간 변화 확인하기

월별 잔고 총정리

1월	2월	3월	4월
수입	수입	수입	수입
지출	지출	지출	지출
저축	저축	저축	저축
투자	투자	투자	투자
모은 돈	모은 돈	모은 돈	모은 돈
5월	6월	7월	8월
수입	수입	수입	수입
지출	지출	지출	지출
저축	저축	저축	저축
투자	투자	투자	투자
모은 돈	모은 돈	모은 돈	모은 돈
9월	10월	11월	12월
수입	수입	수입	수입
지출	지출	지출	지출
저축	저축	저축	저축
투자	투자	투자	투자
모은 돈	모은 돈	모은 돈	모은 돈